互联网+远程一体化智慧数字教材

“毛泽东思想和中国特色社会主义理论体系概论”教学专题研究

王向明　编著

中国人民大学出版社
·北京·

PREFACE 前言

“毛泽东思想和中国特色社会主义理论体系概论”（以下简称“概论”）是全国普通高校本科阶段思想政治理论课必修课程。在具体的教学过程中，如何运用富有创造性的方式方法，探寻教材体系向教学体系转化的基本规律，着力体现教学方法和教学模式的创新，有针对性地解决教学中的难点、重点问题以及当代大学生关注的热点问题，以切实加强教学效果，是教学中必须认真考虑的重要问题。

本书的学习对象主要是通过网络学习的大学本科学生。基于此，本书以“概论”课程的国家统编教材为蓝本，又根据学生网络学习的特点，着重研究和体现由教材体系向教学体系转化，努力创新教学方法和教学模式，对国家统编教材体系的内容进行了一定程度的重新整合，选取了专题式的教学方式，即在忠实于国家统编教材的基础上，以专题形式对教材内容进行适当的整合，既要基本涵盖教材内容，同时又避免完全照本宣科，较好地实现从教材体系向教学体系的转变。譬如，本书第二专题“毛泽东思想概述”，实际是把国家统编教材第一章第二节以及第三、四章整合起来，用相对较少的教学时数对毛泽东思想的主要内容进行系统的讲授。而在第四专题“邓小平理论的历史进程及学习方法论”中，则是以中国特色社会主义历史发展为基本线索，以每 历史时期形成的重大理论观点为重点，将国家统编教材的第二章、第五章、第六章、第七章、第八章等整合起来。总之，本书采取专题教学的形式，目的是尽可能地遵循教学规律，遵循学生的学习接受规律，尽量做到既要提供给学生比较全面、准确、严谨的逻辑和知识体系，也要便于学生自学、记忆和理解，重点是实现从教材体系向教学体系的转化，使学生较好地掌握“概论”课程的基本框架、基本理论和基本观点。

同时，本书也是2011年度教育部人文社会科学研究专项任务——“‘毛泽东思想和中国特色社会主义理论体系概论’从教材体系到教学体系转化研究”的成果，试图在编写上做到内容覆盖的全面性、概念表述的准确性、理论阐述的科学性，同时又具有内容选择上的问题针对性、重点突出性和难点深入性，并与中国人民大学网络教育学院同名课程的视频教学完全同步。其教学基本环节是：

1. 课程导引：主要由教师在首次教学时对学生提出学习该门课程的指导性意见，介绍课程的基本构架和基本内容，提出课程学习建议和课外阅读参考书建议。

2. 专题模块学习：按照模块式学习方法安排九个专题的讲授，同时在每一专题学习中根据教学内容布置相应的问题讨论、学生点评等任务。教学中还是以讲授为主，同时适当运用网络课件，辅以适量的视频材料等。

3. 布置学生课外阅读：按照恩格斯的提示，马克思主义的理论形态可以视为一门历史科学。同样，作为马克思主义中国化理论成果的毛泽东思想和中国特色社会主义理论体系一定意义上说也是一门历史科学。因而要求学生在学习前应掌握一定的历史知识，特别是对中国革命、建设和改革的伟大历程有一定的了解。建议在教学安排上，学生可以先学习《中国近现代史纲要》（高等教育出版社出版，马克思主义理论研究和建设工程重点教材），推荐阅读《毛泽东传》（中央文献出版社出版）、《苦难辉煌》（华艺出版社出版）等以中国革命历史为主要内容的课外书籍。

4. 增加实践环节，安排平时作业：在教学过程中将适当增加一些适宜学生开展的实践环节，如学生自行参加社会实践或由学院组织社会调查、课堂讨论、学生自办反映教学内容的电子刊物等。在此基础上，将以撰写社会调查报告或学习体会的形式安排1～2次平时作业。

除供学生使用外，该书还可作为高校从事“概论”课程教学的教师的教学参考，也可作为普通读者学习了解毛泽东思想和中国特色社会主义理论体系基本内容的一般读物。

在本书编写过程中，中国人民大学在读博士苗瑞丹做了大量具体工作，在此表示深切谢意！

王向明

CONTENTS 目录

第一专题

马克思主义中国化的历史进程及规律

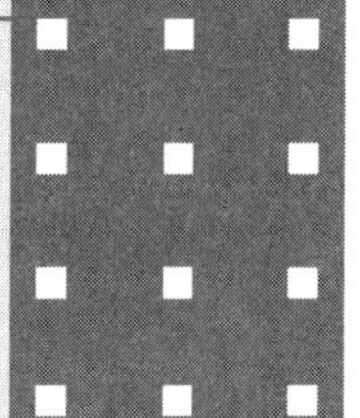

第一节 中国革命为什么选择了马克思主义

学习目标

通过学习，重点掌握革命理论对于革命运动的指导作用，培养学生的理论兴趣和理论思维能力。通过了解马克思主义传入中国的过程，掌握中国人民是怎样在历史的风云变幻中选择了马克思主义。

学习内容提要

按照历史与逻辑相统一的基本方法，学习自鸦片战争以来进步的中国人为寻求救国救民的道路所进行的艰苦探索，学习马克思主义的基本特征以及在中国的传播。

学习步骤

1. 请认真阅读本节的【学习内容详解】，并同步通过网络学习教师对本节内容的视频讲解。

2. 思考问题：

(1) 马克思主义是怎样传播到中国的？

(2) 马克思主义与中国共产党是什么关系？

3. 自学下列内容：

自行阅读《中国近现代史纲要》《苦难辉煌》等课外读物，思考在20世纪初期中国人民是怎样在纷繁复杂的西方思潮中选择了马克思主义的，重点理解马克思主义的科学性和革命性以及指导中国革命的历史必然性。

学习内容详解

一、从仰望星空看理论指导的重要性

在古希腊时代（约公元前 800 年—公元前 150 年），曾出现了一大批伟大的思想家，如亚里士多德、苏格拉底、柏拉图、赫拉克利特、毕达哥拉斯等，他们以自己高远而深邃的思考，提出了一系列人文的、哲学的理论论述。由于那时人类还处在一个生产力水平总体低下的时代，一般的人对这些思想家们还不是十分理解，认为他们的所思所想过于缥缈，便称他们为“仰望星空的人”，这在当时其实是一个带有嘲讽意味的称谓。无独有偶，与古希腊时代大致同时，在古老的中国，也同样出现了一大批伟大的思想家，如老子、孔子、庄子、荀子、孟子等，这就是先秦时期的诸子百家。这些伟大的思想家，同样以他们“仰望星空”的远见与卓识，为悠久的中华文明奠定了坚实的基础。

今天，当我们站在新的历史地平线上回望历史的苍穹，一个无可置疑的历史结论摆在我们面前，这就是，正是这些伟大思想家们的创造，极大地推进了人类文明的进步，并且时至今日依然是人类不可或缺的最宝贵的精神财富。所以，18 世纪德国古典哲学的创始人康德才会意味深长地说：“有两种东西，我对它们的思考越是深沉和持久，它们在我心灵中唤起的惊奇和敬畏就会日新月异，不断增长，这就是我头上的星空和心中的道德定律。”这段话充分表达了康德对“仰望星空”的敬意。另一位伟大的德国古典哲学家黑格尔也由衷赞叹，如果没有这些仰望星空的思想家们以他们的高远的思想光芒照亮人类两千多年的发展历程，我们就可能还在黑暗中徘徊。20 世纪著名的历史哲学家雅斯贝尔斯则把公元前 800 年到公元 200 年这一千年的历史发展，称为人类文明发展的“轴心期”。而这些评价，其实都是说明深刻的理论思考和理论创造对于推动人类进步的巨大力量。

或许有同学会提出疑问，马克思主义不是强调生产力才是推动人类社会进步的根本力量吗？仰望星空的理论真有如此伟力吗？问题提得很好，这里确实涉及一个重要的问题，就是如何完整、准确地学习和理解马克思主义。对此，马克思主义的创始人恩格斯有过一段十分精彩的论述。恩格斯在 1890 年致约瑟夫·布洛赫的信中指出：“根据唯物史观，历史过程中的决定性因素归根到底是现实生活的生产和再生产。无论马克思或我都从来没有肯定过比这更多的东西。”[①] 恩格斯在这里从唯物主义的基本立场出发，充分肯定了生产力的状况是历史过程中的决定性因素，但同时请注意，恩格斯使用了一个特别重要的词汇——归根到底，并且以黑体加以突出。这是大有深意的。就经济基础和上层建筑的关系、生产实践与理论创造的关系而言，经济基础和生产实践当然是本源的、决定性的。人类只有首先解决了吃、穿、住等最基本的需求，才可能有政治、宗教、文化等，即使是这些仰望星空的思想家们也要在解决了这些基本需求后才可能进行理论的思考和创造。但这的确是归根到底而言的，就是说，从整个人类历史的长河来考察，人类从旧石器时代到新

① 马克思，恩格斯．马克思恩格斯文集：第 10 卷．北京：人民出版社，2009：591.

石器时代，再到农业文明时代，直至工业文明时代（工业文明又是从机械工业到机电工业，再到核工业，直至信息产业逐渐发展的），生产力的进步的确是本源的决定性的因素。但这决不是说对每一个具体的历史时期或历史事件的考察，都只有生产力这一个答案，如果试图用这唯一的答案去回答历史的每一个进步、分析每一个具体的历史事件，那就毫无意义了。所以恩格斯接着说："如果有人在这里加以歪曲，说经济因素是唯一决定性的因素，那么他就是把这个命题变成毫无内容的、抽象的、荒诞无稽的空话。经济状况是基础，但是对历史斗争的进程发生影响并且在许多情况下主要是决定着这一斗争的形式的，还有上层建筑的各种因素……政治的、法律的和哲学的理论，宗教的观点以及它们向教义体系的进一步发展。"① 说得多么好啊，这才是真正深刻和完整的马克思主义。恩格斯的这段话也清楚地表明，人类社会始终是一个由生产力和生产关系、经济基础与上层建筑构成的既矛盾运动又互为依存的有机整体；而思想意识形态作为社会上层建筑中居于核心地位的部分，对整个社会的价值取向、文化选择、精神面貌等又起着至关重要的引导作用。

历史发展的事实，充分证明了马克思主义关于哲学社会科学重要性特别是思想意识形态理论重要性的论述。古往今来，任何一个社会都必须有一个占主导地位的符合统治阶级利益的思想体系作为支撑社会稳定与进步的精神支柱，作为构筑整个社会上层建筑的思想基础。一个成熟的社会体系，不论具有何种社会经济形态，都需要经济、政治、思想、文化等各方面的全面进步和发展，都有着亘古不变的对精神与理性的追求。

在中国历史上，先秦诸子百家的思想繁荣成为理论创新的一个重要标尺。后来，汉代董仲舒提出"罢黜百家，独尊儒术"并被当时及以后的封建统治阶级所采纳，以孔孟学说为核心的儒家思想体系逐渐成为中国封建社会的"正统"思想。在漫长的历史过程中，儒家思想经由从孔子到宋明理学的不断丰富和积淀，最终形成了维系整个中国封建社会两千年发展的不可或缺的社会意识形态，并由此创造出了世界历史上空前繁荣的封建文化。当这种思想体系在进入近现代以来无法解决中国面临的种种现实问题，无法继续承载中国历史前进的车轮时，中国的封建文明也就无可挽救地走向衰败。

从世界角度看，14 世纪欧洲文艺复兴运动、18 世纪以卢梭、伏尔泰、孟德斯鸠等人为代表的法国启蒙运动以及 19 世纪以黑格尔、费尔巴哈等为代表的资产阶级思想体系在推动资产阶级革命的历史进程、维护资本主义的统治等方面起到了不可磨灭的作用。

资本主义代替封建主义走入历史舞台以及在资本主义发生、发展的早期过程中，资产阶级思想体系确实发挥了非常革命的作用。甚至从一定意义上讲，人类在近代以来自然科学领域的重大突破也往往是以思想意识形态的突破为先导的。如果没有文艺复兴运动和资产阶级启蒙运动对封建神学的批判，18 世纪以来人类自然科学的突飞猛进是不可想象的。不要说难以发现真理，甚至真理就在面前也会失之交臂。哥白尼提出的"日心说"，在今天只不过是初中物理教材中的基本常识，但在思想意识形态没有重大突破以前、在宗教神学占据统治地位的当时，却被视为异端邪说。为了宣传和捍卫这一科学真理，布鲁诺甚至付出了生命的代价。思想意识形态对于社会进步的巨大推动作用可见一斑。马克思主义思想体系的形成有着十分深刻的历史理论基础。马克思主义诞生于 19 世纪 40 年代激烈的工

① 马克思，恩格斯．马克思恩格斯文集：第 10 卷．北京：人民出版社，2009：591.

人运动与社会主义运动中，是在对资本主义社会的基本矛盾的研究基础上，通过总结当时自然科学的最新成果和欧洲工人运动的经验，同时批判地继承了人类优秀思想文化而形成的。马克思"用德国古典哲学的成果，特别是用黑格尔体系（它又导致了费尔巴哈的唯物主义）的成果丰富了哲学"①，辩证唯物主义和历史唯物主义由此形成；马克思主义政治经济学是马克思和恩格斯在对当时占据资本主义经济指导地位的古典政治经济学进行透彻研究的基础上，通过提出新的劳动价值理论（其中最重要的是剩余价值学说）而形成的；马克思主义科学社会主义（狭义）是马克思和恩格斯在对欧文、傅立叶等人的空想社会主义理论进行了根本改造的基础上，摒弃其空想成分，通过揭示阶级斗争是推动经济社会全部发展进程的基础和动力等思想而形成的。马克思主义不仅正确地指明了人类社会发展的方向，而且指出了实现这一方向的正确路径——社会主义革命，并且指出了实现这一道路的推动力量——无产阶级，社会主义由此从空想变为了科学。马克思主义的诞生标志着人类思想史揭开了崭新的篇章。从此以后，工人阶级政党领导工人运动和变革社会的革命斗争有了理论指导，工人阶级政党改造客观世界和主观世界便有了理论借鉴。如同列宁所指出的："马克思的观点极其彻底而严整，这是马克思的对手也承认的，这些观点总起来就构成作为世界各文明国家工人运动的理论和纲领的现代唯物主义和现代科学社会主义。"② 马克思主义思想体系的诞生，是人类思想史上第一次真正关注亿万被剥削、被压迫者的命运；是第一次由被压迫者向压迫者的公开宣战。马克思主义也是第一次对人类先进思想已经提出的种种问题作出了科学回答和理论阐述的思想意识形态。

也正因为如此，马克思主义才从众多的社会主义派别和思潮中脱颖而出，逐步发展成为在世界社会主义运动中占据指导地位的科学理论，世界历史进程由此发生重大转变。

从1848年马克思和恩格斯写下第一个全世界无产阶级政党的党纲——《共产党宣言》到现在，马克思主义已经走过了170余年的发展历程。在马克思主义旗帜的引领下，全世界的无产阶级为了推翻资产阶级的统治，建立社会主义制度，前赴后继、英勇斗争，谱写了人类历史进步的不朽篇章。当人类进入21世纪，面对历史的复杂变迁，不管你愿意不愿意、承认不承认，一个不可置疑的铁的事实是：在人类近千年来的历史中，没有任何一个人能够像马克思那样深刻地改变了人类社会，也还没有任何一种思想能够像马克思主义那样被视为"我们时代的不可超越的哲学"（法国著名思想家萨特语）。难怪在2000年来临时，英国BBC广播公司通过互联网评选千年思想家，马克思超越爱因斯坦名列第一。

1920年，列宁在回顾布尔什维克党领导俄国工人阶级夺取十月革命胜利的光辉历程时，曾经就俄国革命党如何艰难地寻找能够指引革命胜利的真理，说过一段饱含感情的话语：马克思主义理论的正确性，"不仅为整个19世纪全世界的经验所证实，尤其为俄国革命思想界的徘徊和动摇、错误和失望的经验所证实。在将近半个世纪里，大约从上一世纪40年代至90年代，俄国进步的思想界在空前野蛮和反动的沙皇制度的压迫之下，曾如饥如渴地寻求正确的革命理论，专心致志地、密切地注视着欧美在这方面的每一种'最新成就'。俄国在半个世纪里，经受了闻所未闻的痛苦和牺牲，表现了空前未有的革命英雄气概，以难以置信的毅力和舍身忘我的精神去探索、学习和实验，经受了失望，进行了验

① 列宁．列宁专题文集：论马克思主义．北京：人民出版社，2009：68.
② 同①：7.

证，参照了欧洲的经验，真是饱经苦难才找到了马克思主义这个唯一正确的革命理论。”[①]而“没有革命的理论，就不会有革命的运动”[②]。

对照中国革命的历程，与俄国革命又是何等的相似。马克思主义理论对中国革命的影响是如此的深刻、如此的巨大！以马克思主义指导中国革命，是我国近代一百多年来历史选择的必然结果。自1840年鸦片战争以来，中国陷入了帝国主义、封建主义和官僚资本主义重重压迫的空前残酷和黑暗之中。为了救亡图存，中国进步的知识分子曾以极大的热情学习和引进了包括改良主义、社会达尔文主义、唯意志论、无政府主义、实用主义、民粹主义等各种思潮，它们也都在不同的历史阶段扮演过流行的主角，但最终都失败了，都被历史淘汰了。在无数的失败和教训中，中国人民同样是“饱经苦难”才最终选择了马克思主义，中国共产党从成立之日起，就把马克思主义写到了自己的旗帜上，并以马克思主义理论为指导，领导中国人民赢得了中国革命的最终胜利。

二、马克思主义在中国的传播

《共产党宣言》作为马克思主义诞生的标志在20世纪初传入中国，其传播过程颇为复杂和曲折。马克思主义传入中国并成为中国革命指导思想的理论基础与近代以来中国国情和中国革命的发展密切相关，是近代以来先进的中国人寻找救国出路而作出的必然选择，是被历史证明了的正确选择。

有意思的是，马克思主义最初传入中国，是伴随着西方传教士向中国人民兜售西方的基督教教义以及资产阶级改良派鼓吹西方资产阶级改良主义学说的过程。在这一过程中，不管是有意为之还是无心插柳，马克思主义的思想不自觉地、零星地传入了中国，被介绍给了中国人民。

从现有的文献记载来看，1899年3月出版的《万国公报》首次提到了马克思及其学说。《万国公报》是英国传教士威廉士出于传播基督教的初衷于1887年在上海创办的。该报除了传播宗教思想外，还介绍了很多西方社会主义时政及思想内容，例如巴黎公社和第一国际日内瓦大会等内容，此外还涉及欧美各派的社会主义思潮，将它们统称为“大同学”和“安民新学”。1899年3月，英国传教士李提摩太在《万国公报》上发表了一篇文章，文章名为《今世景象》，该文写道：“其以百工领袖著名者，英人马克思也。马克思之言曰：纠股办事之人，其权笼罩五洲，突过于君相之范围一国。吾侪若不早为之所，任其蔓延日广，诚恐遍地球之财币，必将尽入其手。然万一到此时势，当即系富家权尽之时。何也？……”这是马克思这一科学社会主义的缔造者第一次以中文的形式被中国国民知晓。李提摩太的这篇文章对《共产党宣言》的部分内容进行了介绍，这一行为无意之中揭开了马克思主义在中国传播的序幕。此后，中国先进仁人志士纷纷办报传说，其中资产阶级改良派办的《新民丛报》《大公报》上也相继出现了一些介绍马克思及其理论的文章。1902年10月，梁启超在《新民丛报》上登载《进化论革命者颉德之学说》一文，对马克思及其学说作了较为简要的介绍。

中国有意识、有目的地传播马克思主义学说的团体是以孙中山为代表的资产阶级革命

① 列宁．列宁专题文集：论无产阶级政党．北京：人民出版社，2009：246.

② 同①：70.

派。以孙中山为代表的资产阶级革命派为达到救国救民的目的，曾经十分关注欧洲的社会主义运动，关注马克思主义的思想。以孙中山为代表的资产阶级革命派用一种赞赏的态度来介绍马克思主义学说，特别是俄国十月革命的胜利极大地震撼了以孙中山为代表的资产阶级革命派，孙中山曾一度对俄国十月革命的胜利、对指导俄国十月革命的马克思主义抱有极大的兴趣。尽管早期资产阶级革命派对马克思主义理解还十分有限，但他们对马克思主义学说的大量的摘译出版工作还是在一定程度上促进了马克思主义在中国的传播，为十月革命后马克思主义学说能在中国迅速传播奠定了基础。

真正把马克思主义系统地作为一种完整的理论和信仰介绍给中国人的，是早期的一批中国共产党的创始人。“十月革命一声炮响，给我们送来了马克思列宁主义”。十月革命的胜利极大地激发了以陈独秀、李大钊为代表的当时一大批先进知识分子对马克思主义的兴趣，他们热情地学习马克思主义的著作、翻译马克思主义的著作，并使用马克思主义学说观察、剖析中国的国家命运，试图探析谋求民族独立解放的途径；他们广泛地开展马克思主义的宣传，自此马克思主义在中国的传播进入了一个新的历史阶段。1919 年 4 月，陈独秀在其主编的《每周评论》上发表了介绍《共产党宣言》的文章，文章指出：“这个宣言是 Marx 和 Engles 最先、最重大的意见”，“其要旨在主张阶级战争，要求各地劳工的联合，是表示新时代的文书”。文章还对《共产党宣言》的十大政纲进行了阐述，思想水平较之先前有了较大进步。尽管文章对《共产党宣言》的主旨把握还有待深入，但却强调了《共产党宣言》中阶级斗争和无产阶级专政的基本思想，指出了无产阶级夺取政权后的主要任务是“要增加生产的能力，愈速愈妙”等。该文的发表在当时的思想界引起了不小的震动，对马克思主义的传播、对即将来临的五四运动产生了一定的促进作用。五四运动进一步推动了马克思主义在中国的传播。

1919 年 5 月《新青年》出版了“马克思主义研究专号”。在这期专号上，李大钊发表《我的马克思主义观》一文，在当时各种介绍传播马克思主义的著作文章中，该文最为系统、全面、深刻、简明地阐述了马克思主义基本原理，并且充分表达了对这一理论的信仰。所以，李大钊也被公认为“中国的第一个马克思主义者”。

1920 年 4 月，中国早期共产主义者陈望道翻译了作为马克思主义第一部经典著作的《共产党宣言》的第一个中文全译本，并在同年 8 月由上海社会主义研究会公开出版发行。这本薄薄的小册子一经面世，就引起了当时中国进步知识分子的极大关注，首版不到一个月便被抢售一空，成为我国早期流传最广、影响最深的马克思主义著作，也成为无数革命先驱走向信仰共产主义之路的启蒙读本。毛泽东 1936 年曾对斯诺说过“有三本书特别深地铭刻在我的心中，建立起我对马克思主义的信仰”，其中一本便是陈望道译的《共产党宣言》。

1921 年，在马克思列宁主义同中国工人运动相结合的进程中，中国共产党应运而生。而中国共产党明确使用《共产党宣言》这一全世界第一个无产阶级政党党纲的名称来宣告它的成立，也正是鲜明地标示了与马克思主义的直接的渊源。从此，中国革命有了正确的前进方向，中国人民有了强大的精神力量，中国命运有了光明的发展前景。

三、马克思主义的基本特征

马克思主义从创立主体来看，是由马克思和恩格斯创立的，为他们在各个时代、各个民族的后继者所发展的观点和学说的体系。从狭义上说，马克思主义就是马克思和恩格斯创立的学说，主要通过马克思和恩格斯的一系列著作和文献体现出来。它是在总结无产阶级斗争经验和人类自然科学、社会科学优秀成果的基础上产生的，深刻揭示了客观世界特别是人类社会发展的普遍规律，揭示了社会主义必然代替资本主义并最终实现共产主义的普遍规律，是无产阶级进行革命和建设的科学思想体系。而从广义上说，马克思主义也包括了马克思、恩格斯的后继者们继承和坚持马克思主义的基本立场、观点、原则和方法，又根据时代发展和各国的具体实际在实践中不断创新的学说体系，即包括了列宁主义、毛泽东思想和中国特色社会主义理论体系。

中国共产党选择马克思主义作为指导思想，经过 28 年的艰苦卓绝的奋斗，最终取得了新民主主义革命的胜利，进而又坚持马克思主义指导地位不动摇，取得了社会主义革命和建设以及改革开放的伟大胜利，这样一个历史过程当然不是偶然的，它源于马克思主义具有的一系列体现自身本质的基本特征：马克思主义是实践基础上科学性与革命性的高度统一，表现为科学的世界观和方法论、鲜明的政治立场和崇高的社会理想；马克思主义是与时俱进的科学理论，表现为其所具有的实践性、开放性和发展性。

第一，马克思主义的科学性和真理性。马克思主义坚持辩证唯物主义和历史唯物主义的世界观和方法论，用生产力和生产关系、经济基础和上层建筑的矛盾运动来解释人类历史的发展变化，把生产力作为推动社会前进最活跃、最革命、最根本的力量，科学分析了资本主义社会的内在矛盾，深刻揭示了历史发展的客观规律，创立了科学社会主义，为人类社会发展进步指明了正确方向。马克思主义的科学性和真理性，还在于它是开放的、与时俱进的理论体系。马克思主义不是故步自封的学说，而是随着实践发展不断丰富和完善的科学体系。马克思和恩格斯强调，他们的学说不是教条，而是行动的指南。马克思曾说，正确的理论必须结合具体情况并根据现存条件加以阐明和发挥。恩格斯说："我们的理论是发展着的理论，而不是必须背得烂熟并机械地加以重复的教条。"[①] 马克思主义是革命的、批判的、发展的，是随着时代和实践的进步而不断丰富的。这正是马克思主义能够始终反映时代和实践的要求，始终保持蓬勃生机和活力，始终具有科学性和真理性的根本原因。

说到马克思主义的科学性和真理性，决不是抽象的溢美之词。对于这一问题的理解，我们不妨来看一看列宁的一段论述。1913 年，列宁在为纪念马克思逝世 30 周年而作的《马克思学说的历史命运》一文中，把马克思主义诞生以来的发展分为三个主要时期，其中第一个时期就是从 1848 年《共产党宣言》发表到 1871 年巴黎公社革命。列宁特别指出，"在第一个时期的开头，马克思学说决不是占统治地位的。它不过是无数社会主义派别或思潮中的一个而已"[②]，但当到了"第一个时期（1848—1871 年）即风暴和革命时期的末尾，马克思以前的社会主义已奄奄一息"[③]。也就是说，这一时期，马克思的学说已经成为工人运动中占统治地位的主导意识形态。认真领会列宁的这段论述，会让我们更深切地意识到马克思主义的科学价值。大家想一想，在 1848 年《共产党宣言》发表之初，马克思和恩格斯不过是两位不满 30 岁的青年学者，而在当时已经有不少颇有影响的社会主

① 马克思，恩格斯．马克思恩格斯文集：第 10 卷．北京：人民出版社，2009：562.

② 列宁．列宁专题文集：论马克思主义．北京：人民出版社，2009：61－62.

③ 同②：62.

义者或流派了，如杜林、巴枯宁、蒲鲁东、拉萨尔等。那为什么在短短的20多年间，马克思主义就能够战胜形形色色的“社会主义”，而使科学社会主义的思想和理论被广大工人阶级所接受呢？显然，在当时，马克思主义不是靠行政权力，不是靠任何别的手段，而仅仅凭借着它内在的科学性，在聚集和团结无产阶级的力量、创建社会主义政党、指导社会主义运动的发展方向等各个方面，“获得了完全的胜利，并且广泛传播开来”①，充分体现了真理的感召力。

马克思主义的诞生并不是偶然的，它是人类社会实践发展到一定阶段的思想结晶。而马克思主义的一个重要的贡献就是对人类实践本身的正确认识。马克思把实践称为客观的物质活动或人的感性活动，并以此作为自己创立的新唯物主义的逻辑基点。但马克思并没有简单地把实践仅仅停留在“人的感性活动”的层面，而进一步提出要把“实践”纳入到人类生产和发展的历史过程中。正是以这样一种实践观来认识历史，马克思主义发现了人类社会实践的三种主要形式——阶级斗争、生产斗争和科学实验。马克思主义正是在以这三种人类社会实践形式为主的基础上发展起来的革命学说。

马克思主义孕育、形成和成熟于自由资本主义时代，是伴随着工业无产阶级的产生和社会化的大生产而出现的，它从一开始就代表着先进生产力的发展要求，同时也反映着科学技术进步的最新成就。作为马克思主义的最重要的直接来源，近代唯物主义和辩证法正是在生产力的进步和自然科学的新发现中找到了有力的证据。在16到18世纪，托里拆利发现了流体定律；列文虎克用显微镜发现了细胞；哈维发现了血液循环；而以康德的星云假说为代表的天文学、物理学以及为它们提供理论论证工具的数学等更是得到了迅速发展：耐普尔发明了对数；笛卡儿创立了解析几何；牛顿和莱布尼茨制定了微积分；开普勒发现了行星三定律；牛顿还在进一步总结以往力学、天文学成就的基础上，提出了力学运动的三大定律和万有引力学说……这些科学成就提示人们，世界是一个可以被人们所认识和改造的世界，从而为拓展人类的思维空间以至新思想的诞生创造了客观的物质条件。恩格斯在他的重要著作《反杜林论》一文中，对马克思主义的唯物辩证法在创立过程中如何吸收工业革命和自然科学的成果作了很详尽的论述。恩格斯指出：“现代唯物主义概括了自然科学的新近的进步，从这些进步来看，自然界同样也有自己的时间上的历史，天体和在适宜条件下生存在天体上的有机物种都是有生有灭的；至于循环，即使能够存在，其规模也要大得无比。在这两种情况下，现代唯物主义本质上都是辩证的，而且不再需要任何凌驾于其他科学之上的哲学了。”② 从19世纪到21世纪，人类的生产力水平和科学技术水平有了飞跃的发展，尤其是第二次世界大战以来兴起的新的科学技术革命，更是深刻地改变了人类社会的面貌。而几乎每一个重大的科学发现都更加有力地证明了而不是消解了马克思主义最基本的哲学基础——辩证唯物主义的科学性。不是吗？无论是像哈勃望远镜这样的人类探寻无限空间的伟大的工具发明，还是在微观世界中对“最小物质构成”的一再突破的新发现，都不仅证明了我们所处的世界从无限广阔的宇宙空间到由夸克、粒子等组成的细微空间的物质性，而且还正在证明着它们所具有的无限的可分性和联系性。马克思主义的理论之树正是根植于人类生产实践和科学实践的土壤，并随着生产力和科学的进步

① 列宁．列宁专题文集：论马克思主义．北京：人民出版社，2009：63.

② 马克思，恩格斯．马克思恩格斯文集：第9卷．北京：人民出版社，2009：28.

而不断获取新的养分，才有了今天的郁郁葱葱、枝繁叶茂。

在马克思主义诞生以来的170余年间，其理论的发展尽管也经历了种种坎坷，但始终在变幻的时代风云中砥柱中流，傲立于理论之林。20世纪末以来，西方资本主义社会出现了一波又一波的“马克思热”。1998年，在马克思和恩格斯的《共产党宣言》发表150周年之际，全世界的人们仍然从马克思学说那里寻找思想的武器，以期能应对诸多的当代社会问题和全球性问题，出现了一股“回归马克思”的热潮。法国《人道报》在报道1998年巴黎“第二届国际马克思大会”时有一段生动的描述：“今年（1998年），从纽约到东京，从圣保罗到耶路撒冷，从新德里到伦敦，到处都奏起了《共产党宣言》的乐章……《宣言》对21世纪仍将发生重要影响。”“马克思主义没有死，马克思仍然活着。”① 2009年，爆发了全球性的国际金融危机，这实质上是资本的扩张本性驱使资本不断追求财富所形成的资本危机。以至于在后危机时代，许多西方学者和政要都去重读《资本论》，试图找出解决危机的方法。马克思主义能这样长盛不衰，是因为人们从资本主义发展的弊端中认识到，马克思主义依然是指引人类解放的思想武器，是剖析当代世界矛盾的思想方法。这或许就是马克思被评为千年最伟大思想家的现实原因吧。历史和现实，为我们勾勒出了一幅再清晰不过的画面，在一百多年的历史沧桑中，马克思主义始终是一棵常青的理论之树，虽历经风雨，却愈加苍翠。

第二，马克思主义的革命性。马克思主义之所以成为工人阶级革命的指导思想，还在于它的革命性，即马克思主义代表了最广大人民的利益。它的全部理论都立足于实现和维护最广大人民的根本利益，把全人类解放和人的全面发展作为最高价值追求，不谋求任何私利、不抱有任何偏见，是科学性、阶级性和实践性相统一的理论。恩格斯说过：科学越是毫无顾忌和大公无私，它就越符合工人的利益和愿望。历史上也曾经有过种种同情、关注人民群众的思潮和学说，但从来没有一种理论像马克思主义那样，与各国工人阶级和广大劳动人民的命运如此紧密地联系在一起。正是以马克思主义为指导，1917年伟大的十月革命获得了成功，社会主义的理想和理论第一次成为活生生的社会现实。尔后，马克思学说又从俄国传入东方古老的大国——中国，并在32年后的1949年结出了革命胜利的硕果。马克思主义在一个半世纪里保持着旺盛的生命力，以摧枯拉朽的力量改变着世界的面貌，深刻影响了世界历史的进程。

马克思主义进入中国120年来，中国人民在中国共产党领导下彻底推翻了帝国主义、封建主义和官僚资本主义三座大山，国家独立，人民解放，走上了富强民主文明和谐的现代化发展之路。这个无可辩驳的事实充分说明，马克思主义是和一切被压迫、被剥削人民的命运天然联系在一起的。马克思主义所具有的强大的改造世界和改造社会的威力，不是在书斋里，也不是在讲台上，而是实实在在地存在于现实的人类实践中。马克思主义的出现，深刻地改变了世界上亿万被压迫人民和民族的命运。一位德国作家在谈到19世纪以来的历史巨变时说，没有工人运动，没有社会主义者，没有马克思，当今世界六分之五的人口将依然还生活在半奴隶制的阴郁状态之中。正因为马克思主义鲜明代表广大劳动人民的利益，所以它一经产生，就具有磁石般的吸引力，远在德国和欧洲以外，在世界的一切文明语言中都找到了拥护者。同时，马克思主义者以实现物质财富极大丰富、人民精神境

① 靳辉明．千年伟人马克思//真理的追求（十年文萃）．北京：金城出版社，2000：833．

界极大提高、每个人自由而全面发展的共产主义社会为社会理想，这体现了推翻资本主义旧世界、建设共产主义新世界的坚决革命性。

马克思主义的诞生，甚至也改变了资本主义的命运轨迹。法国大革命以后，人类进入19世纪，资本主义取得了世界性的发展。当时的资产阶级政治家们迫不及待地宣称，人类已经进入了一个“永恒理性”的社会。这不过是资产者的梦幻罢了。随着历史的发展，资本主义剥削的罪恶本质日益凸现出来，千百万遭受剥削压迫的无产阶级陷入了灾难的深渊。不甘于资本剥削和压迫的无产阶级，为了挣脱身上的镣铐，进行了一次又一次英勇的反抗和斗争。1831年和1834年的两次里昂工人起义，1844年的德国西里西亚织工起义，都是无产阶级革命史册上伟大的壮举。但由于缺乏正确的政治思想作指导，这些起义都失败了。历史总是在回答它所提出的重大问题中前进的，正是由于18、19世纪人类进入资本主义时代以后所面临的种种特征和需要，代表着无产阶级先进思想的马克思主义才应运而生。而正是无产阶级的革命斗争，迫使资本主义也不得不进行了一系列的自我改良和调整，一定程度上延长了资本主义的寿命。

马克思主义的革命性，也表现为它具有与时俱进的理论品质。一代又一代真正的马克思主义者，敢于把握时代脉搏，以坚持真理的巨大勇气和创造精神，在不断变化发展的时代风云中，以新的探索不断推动马克思主义向前发展。

第二节 马克思主义中国化的历史进程

学习目标

了解马克思主义中国化的提出及内涵；了解马克思主义中国化的具体历史过程，特别是一些里程碑式的重大事件；懂得马克思主义中国化不是一个自发产生的历史过程，而是中国共产党人在领导中国革命的实践中经历了千辛万苦才探寻到的，并进而懂得中国共产党历史的本质其实就是马克思主义普遍真理与中国革命的具体实际相结合的历史。

学习内容提要

了解党的幼年时期所经历的失误与挫折；学习毛泽东是怎样提出马克思主义中国化命题的，理解其内涵；学习马克思主义中国化对于指导中国革命的重大意义；学习马克思主义中国化的历史进程，理解马克思主义中国化的两次历史飞跃及其产生的理论成果。

学习步骤

1. 请认真阅读本节的【学习内容详解】，并同步通过网络学习教师对本节内容的视频讲解。

2. 思考问题：

（1）中国共产党人是怎样在挫折中成长起来的？

（2）马克思主义中国化与中国化的马克思主义是什么关系？

（3）请结合中国共产党 90 多年的奋斗历史，从正反两个方面思考为什么说“马克思主义中国化的历史在一定意义上也就是中国共产党的历史”是高度概括了党的历史的本质。

3. 请在步骤 2 的基础上，自行设计制作一份“马克思主义中国化大事记”表格，并与老师、同学共同讨论。

学习内容详解

一、中国共产党的全部历史就是提出和不断探索马克思主义中国化的历史

1941 年，在中国共产党成立 20 周年前夕，毛泽东在延安高级干部会议上发表了一个重要报告——《改造我们的学习》。在文章的开篇，毛泽东写了这样一段意味深长的话：“中国共产党的二十年，就是马克思列宁主义的普遍真理和中国革命的具体实践日益结合的二十年。”① 这里所说的“马克思列宁主义的普遍真理和中国革命的具体实践日益结合”其实就是马克思主义的中国化。而这段简练的语言，实际上是高度概括了中国共产党历史的本质。就是说，中国共产党的全部历史的本质概括，就是一部提出和探索马克思主义中国化，并在实践中不断推进马克思主义中国化的历史。

1917 年十月革命的胜利，给了中国人民一个活生生的榜样，那就是在马克思主义的指导下，俄国革命获得了成功。并且，俄国的国情与中国颇为相似，都是经济文化比较落后、人民深受压迫的国家。因而，以马克思主义为指导，走俄国人的路，成为当时进步的中国人救国救民的历史选择。但是，马克思主义进入中国以后，如何在具体的革命实践中加以应用，却必须是中国人自己去实现的，这是历史提出的必须解决的重大课题。事实上，在五四运动前后，各种西方学说包括马克思主义大量传入中国，思想界在学习和效法的过程中渐渐感悟到，任何外来文化如果不能和中国的本土文化相融合，都是难以站稳脚跟的，外来文化必须与中国的实际相结合，尽管当时还没有使用“马克思主义中国化”这样明确的概念，但一些基本思路已经开始出现。

李大钊是最早具有马克思主义中国化思路的先驱。他在《我的马克思主义观》一文中就明确提出：“一个学说的成立，与其时代环境有莫大的关系。马克思主义实在是一个时代的产物。中国的马克思主义者必须认真研究马克思主义的理论及其怎样应用于中国今日的政治经济情形。否则，若思之不慎，辩之不明，则误解相承，十而八九，毫厘之谬，相去日遥。”李大钊的这段话，实际上已经十分清晰地提出了关于马克思主义中国化的基本思路。在 1923 年的《社会主义与社会运动》一文中，李大钊进一步指出，社会主义理想“因各地、各时之情形不同，务求其适合者行之”。其他一些早期中国共产党的领导人如蔡和森、瞿秋白、恽代英等也有把马克思主义和中国实际相结合的相关论述。这是马克思主义中国化最早的思想源头。

---

① 毛泽东．毛泽东选集：第 3 卷．2 版．北京：人民出版社，1991：795.

但是，马克思主义中国化作为一个具体的历史过程并不是一帆风顺的。在党的幼年时期（指从1921年7月中国共产党成立到1935年1月遵义会议召开以前这一段时期），由于理论准备和实践经验的不足，党还不善于将马克思列宁主义的理论与中国革命的实践相结合，对于这个问题也没有形成深刻的、完整的、统一的认识，把马克思主义教条化，把共产国际决议和苏联经验神圣化，使中国革命遭受严重挫折，几乎陷入绝境。

1927年9月9日，毛泽东在湖南发动了秋收起义。但当时的中共中央却命令起义部队攻打长沙。这显然是片面教条地将俄国十月革命城市武装暴动夺取政权的经验照搬到中国。而由于大革命的失败，当时全国的革命形势处于低潮，反革命的军事力量大大强于革命力量，要让一支刚刚放下镰刀锄头拿起简陋武器的秋收起义部队去攻打国民党重兵把守的省会城市长沙，无疑是不切实际的。当部队打到浏阳城下时，已由原来的五千人锐减到一千五百余人。毛泽东看到这种情况，当机立断，立即停止进攻，将部队带到浏阳文家市休整。毛泽东清醒地对革命形势作出了判断，果断决定改变计划，将起义军向南转移到反革命力量比较薄弱的农村地区。但毛泽东的这一决定在当时却受到了中央的严厉斥责，认为这是“对抗中央”“右倾逃跑”。今天来看，毛泽东将进攻方向由城市转向农村，进而创建了井冈山农村革命根据地，是中国革命历史上一个具有决定意义的新起点。表面上看，这是一种退却，其实是一个突破性的进展。它既符合当时中国的实际情况，也符合马克思列宁主义的基本原则。邓小平在1978年谈到这段历史时，曾深有感触地说，列宁领导的十月革命是在资本主义力量薄弱的俄国首先取得胜利，中国则是利用军阀割据，先到敌人控制薄弱的地区搞革命，“这在原则上是相同的，但我们不是先搞城市，而是先搞农村”[①]。这也充分说明了毛泽东在实现马克思主义中国化方面的卓越能力。

1931年到1934年末的王明路线统治时期，是中国共产党历史上教条主义错误最严重的一段时期。王明等人的“左”倾教条主义错误，完全不顾具体的历史条件和客观实际，只满足于主观地引用和背诵马克思列宁的语录，以马克思主义的只言片语、以“本本”作为指导实践和检验真理的标准。其不但有着完备的理论形态，而且在党内持续的时间长，危害大，把对待马列主义的教条主义倾向发展到了极端，也极大地阻碍了马克思主义中国化的发展，使马克思主义中国化的历史进程不得不以反面的形式表现和展开。由于王明路线的错误，导致了中央苏区第五次反“围剿”的失败，中央革命根据地完全丧失，红军被迫长征。而在长征初期，王明一伙的继续瞎指挥，又导致了湘江战役的重大损失，到1934年12月战役结束时，中央红军由10月出发时的八万七千多人锐减到三万多人，给中国革命几乎造成了灭顶之灾。这就正如毛泽东所说：“我党在幼年时期，我们对于马克思列宁主义的认识和对于中国革命的认识是何等肤浅，何等贫乏……”[②]

历史常常是在悲剧性的二律背反中前进的。恩格斯说得好：“要获取明确的理论认识，最好的道路就是从本身的错误中学习，‘吃一堑，长一智’。”[③] 错误和挫折极大地教育教训了我们党。1935年1月，红军在长征途中召开了具有伟大历史意义的遵义会议，调整了党和军队的组织领导，重新恢复了毛泽东在党和红军中的领导地位。毛泽东回到领导岗位以后，不负众望，以一系列的神来之笔——四渡赤水、巧渡金沙、兵临贵阳、强渡乌江、直

---

① 邓小平．邓小平文选：第2卷．2版．北京：人民出版社，1994：127.

② 毛泽东．毛泽东选集：第3卷．2版．北京：人民出版社，1991：795-796.

③ 马克思，恩格斯．马克思恩格斯文集：第10卷．北京：人民出版社，2009：560.

逼昆明……终于突破了国民党军队的围追堵截，于危难之中挽救了党和红军。从此，中国共产党在以毛泽东思想为代表的马克思主义正确路线指导下，克服重重困难，一步步地引导中国革命走向胜利。遵义会议是党的历史上一个生死攸关的转折点，它标志着中国共产党在政治上开始走向成熟。

二、马克思主义中国化的提出及内涵

遵义会议事实上确立了毛泽东在全党的核心地位。红军胜利到达陕北后，毛泽东开始从理论上系统地总结中国革命的历史经验，为中国革命提供合乎实际的完整的理论、路线、方针和政策。尽管毛泽东不是具有"马克思主义中国化"思路的第一人，但他确实是当时对中国国情认识得最全面、最深刻的，把马克思主义同中国实际相结合运用得最有成效的。

通俗地来理解，马克思主义中国化就是既要遵循马克思主义的基本原则，又必须紧密结合中国实际。而这一点，毛泽东是最早创造性地将之运用于实际的。譬如，关于农村包围城市、武装夺取政权思想的提出，就是马克思主义中国化最成功的范例。为解决 1927 年大革命失败后中国革命的道路问题，毛泽东进行了艰辛的探索和深刻的思考。他不仅在实践上首先把武装斗争的立足点放在农村，领导开创井冈山革命根据地，创造性地解决了为坚持和发展农村革命根据地所必须解决的一系列根本问题，而且从理论上对中国革命的道路问题作了初步说明。毛泽东在 1930 年所写的《星星之火，可以燎原》中，把红军和农村革命根据地的建立称为"无产阶级领导之下的农民斗争的最高形式"，初步形成了以乡村为中心，先在农村建立和发展红色政权，待条件成熟时再夺取全国政权的思想，并在后来成为中国新民主主义革命的道路。分析起来，"农村包围城市，武装夺取政权"这十二个字中，"武装夺取政权"就是马克思列宁主义的基本原则，从马克思到列宁，都非常明确地指出了无产阶级和被压迫人民要想摆脱压迫和剥削，在现实的斗争形式上只能通过阶级斗争，以暴力革命的方式来推翻反动统治者。但是，具体怎样进行武装斗争，则必须根据各国的实际来定。"农村包围城市"正是立足于中国国情和实际的唯一正确的方式。将马克思主义与中国国情结合起来，正是马克思主义中国化的完美体现。

从 1936 年冬至 1937 年秋，毛泽东在《中国革命战争的战略问题》《实践论》《矛盾论》中，通过总结中国革命的经验教训，着重阐明了反对理论脱离实际、反对照搬照抄书本和外国经验的教条主义，为论述马克思列宁主义与中国革命实践相结合的原则即马克思主义中国化思想奠定了哲学理论基础。1938 年，毛泽东在党的六届六中全会上作的题为《论新阶段》的政治报告中最先提出了"马克思主义中国化"这个命题。他指出："没有抽象的马克思主义，只有具体的马克思主义。所谓具体的马克思主义，就是通过民族形式的马克思主义，就是把马克思主义应用到中国具体环境的具体斗争中去，而不是抽象地应用它。"①

经过延安整风，马克思主义中国化的思想成为全党的共识。党的七大通过的《中国共产党章程》在总纲中确定，以马克思列宁主义的理论与中国革命的实践相统一的思想——毛泽东思想，作为我们党一切工作的指针。毛泽东思想，就是马克思主义中国化的第一个

① 中共中央文献研究室．建党以来重要文献选编（1921—1949）：第 15 册．北京：中央文献出版社，2011：651.

重大理论成果，是“中国化的马克思主义”。

实现马克思主义中国化，是解决中国问题的需要。中国共产党人面对着特殊的国情，在旧中国这样的半殖民地半封建的东方大国，不仅革命的条件与马克思、恩格斯、列宁所分析的西方资本主义国家很不一样，而且中国社会历史发展的具体道路同西方资本主义各国社会历史发展的道路也极不可能相同；同样，在新中国如何进行社会主义建设，如何进行社会主义改革，也不同于其他社会主义国家。

实现马克思主义中国化，也是马克思主义理论的内在要求。马克思主义的创始人之一恩格斯曾明确指出：“马克思的整个世界观不是教义，而是方法。它提供的不是现成的教条，而是进一步研究的出发点和供这种研究使用的方法。”[①] 马克思主义要在中国发挥指导作用，就必须将其同中国的具体实际相结合，实现马克思主义的中国化；同时，中国化的马克思主义又为马克思主义理论宝库增添了新的内容。

马克思主义中国化，就是将马克思主义的基本原理同中国的具体实际相结合。具体地说，“就是要使得马克思列宁主义这一革命科学更进一步地和中国革命实践、中国历史、中国文化深相结合起来”[②]，使马克思主义在其每一表现中都带有中国的特性，带有新鲜活泼的、为中国老百姓所喜闻乐见的中国作风和中国气派，使其在中国进一步实现民族化和具体化。

第一，马克思主义中国化就是运用马克思主义解决中国革命、建设和改革的实际问题。旧中国是一个半殖民地半封建的东方大国，农民占人口的绝大多数，经济和文化都比较落后。在这样的条件下，要真正运用马克思列宁主义来指导中国革命、建设和改革，必须紧密结合中国国情和时代条件，寻找适合中国实际的革命道路，制定正确的革命方略，并且创造出一些新的东西。在这里，“解决中国问题”和“创造些新的东西”，是马克思主义中国化的两个相互关联、相互一致的目标。

第二，马克思主义中国化就是把中国革命、建设和改革的实践经验和历史经验提升为理论。马克思主义中国化的基础是中国人民的实践。马克思主义中国化还包括要运用马克思主义的立场、观点和方法去总结中国的历史经验。毛泽东曾经指出：今天的中国是历史的中国的一个发展；我们是马克思主义的历史主义者，我们不应当割断历史。从孔夫子到孙中山，我们应当给以总结，继承这一份珍贵的遗产。要实现马克思主义中国化，应该了解和懂得中国的历史状况和社会状况、中国的特点、中国社会的发展规律，达到对于马克思主义的理论和中国的实践之完整的、统一的、深入的理解和把握。

第三，马克思主义中国化就是把马克思主义同植根于中华民族的优秀文化相结合。马克思主义作为一种外来思想文化传入中国，要使它能为中国人民广泛接受，并在实践中发挥指导作用，必须寻找到一种为中国人民所能理解和接受的民族形式。

概括地说，马克思主义中国化就是用马克思主义来解决中国的问题，同时又使中国丰富的实践经验上升为理论，并且同中国的历史传统、中华民族的优秀文化相结合，以形成具有中国特色、中国作风和中国气派的中国化的马克思主义理论。

---

① 马克思，恩格斯．马克思恩格斯文集：第10卷．北京：人民出版社，2009：691.

② 中共中央文献研究室．建党以来重要文献选编（1921—1949）：第20册．北京：中央文献出版社，2011：318-319.

三、马克思主义中国化的理论成果

马克思主义在中国传播和发展的历史进程中，中国共产党人立足中国具体的革命和建设实践，坚持以马克思主义基本理论为指导，以巨大的理论创新勇气不断推进马克思主义与中国实际相结合，实现了马克思主义中国化的发展，完成了两次历史性的飞跃：一次是发生在新民主主义革命时期，形成了毛泽东思想；另一次是发生在中国共产党第十一届三中全会以后，形成了包括邓小平理论、“三个代表”重要思想、科学发展观和习近平新时代中国特色社会主义思想在内的中国特色社会主义理论体系。

遵义会议以后，在领导中国革命和建设的过程中，以毛泽东为主要代表的中国共产党人，把马克思列宁主义的基本原理同中国革命和建设的具体实践结合起来，创立了毛泽东思想，第一次实现了马克思主义的中国化。在毛泽东思想指引下，中国共产党领导全国各族人民，取得了新民主主义革命的胜利，建立了中华人民共和国；进行了社会主义改造，确立了社会主义基本制度；发展了社会主义的经济、政治和文化，初步探索了社会主义建设的道路。

党的十一届三中全会以来，以邓小平为主要代表的中国共产党人，在总结国内外社会主义建设胜利与挫折的历史经验教训特别是改革开放以来的新鲜经验的基础上，以搞清楚“什么是社会主义、怎样建设社会主义”为首要的基本理论问题，逐步形成了建设中国特色社会主义的路线、方针、政策，阐明了在中国建设社会主义、巩固和发展社会主义的基本问题，创立了邓小平理论，开辟了建设中国特色社会主义的正确道路，推进了马克思主义的中国化。

党的十三届四中全会以来，以江泽民为主要代表的中国共产党人，根据国内外形势和党的历史方位的新变化，进一步回答了“什么是社会主义、怎样建设社会主义”的问题，创造性地回答了“建设什么样的党、怎样建设党”的问题，深化了对中国特色社会主义的认识，创立了“三个代表”重要思想，实现了我们党的指导思想的又一次与时俱进，从而继续进一步推进了马克思主义的中国化。

党的十六大以来，以胡锦涛为总书记的党中央紧密结合新世纪新阶段国际国内形势的发展变化，提出了构建社会主义和谐社会、建设社会主义新农村、建设创新型国家、树立社会主义荣辱观、推动建设和谐世界、加强党的先进性建设等重大战略思想和重大战略任务，创立了科学发展观，继续推进着马克思主义中国化的发展进程。

党的十八大以来，以习近平为核心的党中央在中国特色社会主义进入了新时代的历史背景下，回答了在新时代条件下“坚持和发展什么样的中国特色社会主义、怎样坚持和发展中国特色社会主义”的问题，揭示了中国特色社会主义新时代的时代特征和主要矛盾，阐明了党和全国人民在新时代的历史任务、行动纲领、行进路径，形成了习近平新时代中国特色社会主义思想，是马克思主义中国化的最新理论成果，丰富和发展了马克思主义。

习近平在2017年第十九次全国代表大会上的讲话中指出：“新时代中国特色社会主义思想，是对马克思列宁主义、毛泽东思想、邓小平理论、‘三个代表’重要思想、科学发展观的继承和发展，是马克思主义中国化最新成果，是党和人民实践经验和集体智慧的结晶，是中国特色社会主义理论体系的重要组成部分，是全党全国人民为实现中华民族伟大复兴而奋斗的行动指南，必须长期坚持并不断发展。”①

邓小平理论、“三个代表”重要思想、科学发展观和习近平新时代中国特色社会主义思想是党的十一届三中全会以来我们党形成的一系列重大的理论创新成果，统一构成了中国特色社会主义理论体系，这是马克思主义中国化的最新成果。

第三节 马克思主义中国化的基本规律

学习目标

把握马克思主义中国化的基本规律，懂得在新的历史条件下我们必须不断推进马克思主义中国化，才能促使中国革命、建设和改革的各项事业不断前进。

学习内容提要

学习党的实事求是的思想路线；学习与时俱进的马克思主义理论品质；学习在新的历史条件下如何坚持马克思主义的基本立场、观点和方法。

学习步骤

1. 请同学们先阅读本节的【学习内容详解】，然后听教师讲解。

2. 阅读背景资料：毛泽东《中国革命和中国共产党》。在步骤 1 的基础上，总结中国共产党在把马克思主义普遍真理与中国革命的具体实际相结合方面是如何进行的，有哪些经验和教训。

学习内容详解

一、坚持实事求是的思想路线

1. 实事求是思想路线的形成和确立

思想路线，亦称认识路线，指的是人们的认识所遵循的方向、道路、原则和方法。一个政党的思想路线，是指这个政党确定自己的指导思想并支配自己行动的认识路线。正确的思想路线是确定正确的政治路线以及各项方针政策的思想基础。

毛泽东在 1929 年 6 月写的一封信中第一次使用了“思想路线”这一概念。1937 年毛泽东在《实践论》和《矛盾论》等著作中为了批判当时党内流行的主观主义特别是教条主义的错误，深刻阐述了理论对于实践的依赖关系，以及矛盾的普遍性和特殊性的关系，对

① 习近平．决胜全面建成小康社会　夺取新时代中国特色社会主义伟大胜利——在中国共产党第十九次全国代表大会上的报告．人民日报，2017－10－28（1－5）．

党的思想路线作了系统的哲学论证。1938 年，他在党的六届六中全会所作的政治报告中，提出用“实事求是”来提倡马克思主义与中国实际相结合的科学态度。1941 年 5 月，他在《改造我们的学习》的报告中，对实事求是的科学含义作了马克思主义的界定。经过延安整风和党的七大，实事求是的思想路线在全党得到了确立。

2. 实事求是思想路线的重新确立和发展

新中国成立后，毛泽东继续强调实事求是。他通过《论十大关系》《关于正确处理人民内部矛盾的问题》等著作，初步总结了我国社会主义建设的经验，提出了探索适合中国国情的社会主义建设道路的任务，号召全党“大兴调查研究之风”，强调人的正确思想只能从社会实践中来，等等。但是，1957 年下半年以后，毛泽东却在实际工作的指导中程度不同地背离了他所倡导的实事求是的思想路线，使社会主义建设遭到了严重挫折。

在党的十一届三中全会之前，邓小平就以马克思主义者的非凡胆略和科学态度，批评“两个凡是”即“凡是毛主席作出的决策，我们都坚决维护；凡是毛主席的指示，我们都始终不渝地遵循”的观点，指出它既不符合马克思列宁主义，也不符合毛泽东思想。1978 年 12 月，邓小平在为十一届三中全会作准备的中央工作会议上的讲话中，特别强调解放思想、实事求是的重要意义。以这一讲话精神为指导的十一届三中全会，重新确立了实事求是的思想路线。邓小平指出：“一个党，一个国家，一个民族，如果一切从本本出发，思想僵化，迷信盛行，那它就不能前进，它的生机就停止了，就要亡党亡国。”①

1992 年，江泽民在党的十四大的报告中指出，解放思想，实事求是，是邓小平创立的“建设有中国特色社会主义理论”的精髓，是保证我们党永葆蓬勃生机的法宝。

2004 年 1 月，胡锦涛在中央纪委第三次全体会议上的一次讲话中强调：要贯彻落实好“三个代表”重要思想和十六大精神，必须大力弘扬求真务实精神、大兴求真务实之风。把求真务实提高到马克思主义哲学辩证唯物主义和历史唯物主义一以贯之的科学精神和党的优良传统，以及共产党人应该具备的政治品格的高度，进一步深化了对实事求是的思想路线的认识。

党的十八大以来，以习近平同志为核心的党中央将实事求是的思想路线践行于党和政府的工作之中，特别是在全面深化改革的伟大实践中要求各级主要负责同志要自觉从全局高度谋划推进改革，做到实事求是、求真务实，善始善终、善作善成，把准方向、敢于担当，亲力亲为、抓实工作。

3. 实事求是思想路线的基本内容

党的十二大通过的《中国共产党章程》把党的思想路线的基本内容完整地表述为：“一切从实际出发，理论联系实际，实事求是，在实践中检验真理和发展真理。”

（1）一切从实际出发：党的思想路线的前提和基础。

一切从实际出发，指的是人们在认识事物、解决问题时，从不以人的主观意志为转移的客观实际出发，尊重和承认客观事实。我们讲一切从实际出发，对于指导中国革命和建设的中国共产党人来说，就是要从中国的具体国情出发。一切从实际出发，其中最大的实际就是中国目前正处于并将长期处于社会主义初级阶段。因此，我们想问题、办事情、作决策，都必须从社会主义初级阶段的实际出发，而不能脱离这个实际。从实际出发，就是

① 邓小平．邓小平文选：第 2 卷．2 版．北京：人民出版社，1994：143.

应该全面地、发展地看问题，透过现象看本质。

（2）理论联系实际：党的思想路线的根本途径和方法。

在理论和实践的关系上，中国共产党在历史上曾存在着教条主义和经验主义两种错误倾向：教条主义从书本出发，靠照抄照搬马克思列宁主义词句来解决问题；经验主义从狭隘经验出发，轻视科学理论的指导作用，满足于一得之功和一孔之见。尽管二者的表现形式不同，但都是以主观和客观相分裂、理论和实际相脱节为基本特征的主观主义。

理论联系实际，就是要把马克思主义的基本原理同中国具体实际结合起来，既要吃透理论，注重把握马克思主义的立场、观点和方法，又要搞清实际，把对中国实际的感性认识上升到对其本质的理性认识，并使二者紧密结合起来。

（3）在实践中检验真理和发展真理：党的思想路线的验证条件和目的。

邓小平明确提出，实践是检验真理的唯一标准，实践是检验路线、方针、政策是否正确的唯一标准。在实践中检验和发展真理，需要大力弘扬与时俱进的精神。与时俱进是马克思主义的理论品质，实践基础上的理论创新是社会发展和变革的先导。

（4）实事求是：实事求是思想路线的核心和实质。

毛泽东在1941年《改造我们的学习》一文中，深刻揭示了实事求是的科学内涵：“‘实事’就是客观存在着的一切事物，‘是’就是客观事物的内部联系，即规律性，‘求’就是我们去研究。我们要从国内外、省内外、县内外、区内外的实际情况出发，从其中引出其固有的而不是臆造的规律性，即找出周围事变的内部联系，作为我们行动的向导。”①

实事求是在党的思想路线中的地位与其他三个方面并不是等同、并列的，它是党的思想路线的核心和实质。实事求是内在地包含了一切从实际出发、理论联系实际和在实践中检验真理和发展真理的内容。“一切从实际出发”“理论联系实际”“在实践中检验真理和发展真理”这三个方面都可以用实事求是加以解释和说明。实事求是还蕴涵着解放思想、与时俱进、求真务实等内容。要做到实事求是，必须坚持解放思想、与时俱进、求真务实。由于实事求是是党的思想路线的核心和实质，所以我们通常把党的思想路线概括为“实事求是”，称作“党的实事求是的思想路线”。

4. 实事求是思想路线的重要意义

第一，它是马克思主义认识论在马克思主义中国化实践过程中的运用、丰富和发展，体现了马克思主义的理论品质。马克思以科学的实践观为基础，将思维的客观性和能动性统一了起来，阐明了人类意识和社会生活的本质：人类意识是社会生活的反映，社会生活在本质上是实践的，人类思维的真理性应该由实践来证明，等等，从而实现了唯物论和辩证法的结合。

实事求是思想路线强调从实际出发，用全面的观点和发展的观点看问题；强调使思想和实际相结合，使主观和客观相结合，使理论和实践相结合；强调认识是从实践到理论、再从理论到实践的飞跃，是没有止境的过程；强调没有调查就没有发言权，解放思想和实事求是是有机统一的，民主是解放思想和实事求是的重要条件，与时俱进是马克思主义的理论品质，实践基础上的理论创新是社会发展和变革的先导，等等，都充分体现并进一步丰富和发展了马克思主义认识论。

---

① 毛泽东．毛泽东选集：第3卷．2版．北京：人民出版社，1991：801.

第二，它是制定并贯彻执行正确的政治路线的思想基础。政治路线是党为实现一定历史时期的奋斗目标而制定的总路线和总政策，它的正确与否直接关系到人民的根本利益。然而，正确的政治路线不是凭空产生的，它必须建立在对客观情况的深刻了解和科学分析的基础上，换言之，必须以正确的思想路线为基础和指导。

第三，它是加强党的思想作风建设和提高领导能力的重要内容。毛泽东把理论和实践相结合的作风、和人民群众紧密联系在一起的作风，以及自我批评的作风，概括为中国共产党新的工作作风。在这三大作风中，理论和实践相结合是最根本的，强调的就是实事求是的思想路线。

二、不断进行理论创新和实践创新

坚持实事求是思想路线，在今天，就是要大力弘扬与时俱进精神，推进理论创新，不断开拓马克思主义新境界。

与时俱进，就是党的全部理论和工作要体现时代性，把握规律性，富于创造性。体现时代性，就要用宽广的眼界观察当代中国和世界，把握和平与发展的时代主题与国际局势新变化的关系，把握经济全球化的利弊和科技革命日新月异的趋势，为坚定地走和平发展道路提供依据，为社会主义的长治久安提供借鉴。把握规律性，就要把尊重社会发展的规律与尊重人民的历史主体地位统一起来，把坚持为崇高理想奋斗与为最广大人民谋利益统一起来，把坚持完成党的各项工作与实现人民利益统一起来，深化对共产党执政规律、社会主义建设规律以及人类社会发展规律的认识。富于创造性，就要直面现实的矛盾，依据对时代、形势的科学分析和对客观规律的正确把握，适时地进行实践创新和理论创新。这三者之间是一种辩证统一的关系，体现时代性是前提，把握规律性是核心，富于创造性是目的。

党的全部理论和工作的与时俱进，要特别重视理论创新。党的十八大以来，习近平总书记对党的理论创新和实践创新问题作过多次重要论述，指出："我们党之所以能够历经考验磨难无往而不胜，关键就在于不断进行实践创新和理论创新"，"把坚持马克思主义和发展马克思主义统一起来，结合新的实践不断作出新的理论创造，这是马克思主义永葆生机活力的奥妙所在"。认真学习贯彻习近平总书记关于实践创新和理论创新及其辩证关系的一系列重要论述，对于进一步推进马克思主义基本原理与当代中国实际相结合、永葆中国特色社会主义的生机活力，具有十分重要的现实意义和深远的历史意义。在理论创新问题上要坚持正确的方向和思想方法。与此同时，理论创新必须服务于、落脚于实践创新。离开了对实践过程中出现的新情况、新问题的研究，理论创新就无从谈起。理论创新是为了研究新情况，解决新问题。

三、立足于中国国情和实际，走自己的路

坚持实事求是的思想路线，在中国革命、建设和改革问题上，最根本的就是要坚持一切从本国实际出发，敢于和善于走自己的路。"走自己的路"是我们"总结长期历史经验得出的基本结论"，是一个关系党和国家生死存亡、兴衰成败的大问题。

对"走自己的路"的含义，可能会有不同的理解，主要包括三个基本方面：

其一，根据中国的国情确定自己的道路。这是"走自己的路"的基本意思。对此，邓小平有许多论述。除了前面引的党的十二大上的那段话外，还有："现在搞建设，也要适合中国情况，走出一条中国式的现代化道路。"① "中国式的现代化，必须从中国的特点出发。"②"我们多次重申，要坚持马克思主义，坚持走社会主义道路。但是，马克思主义必须是同中国实际相结合的马克思主义，社会主义必须是切合中国实际的有中国特色的社会主义。"③"中国革命的成功，是毛泽东同志把马克思列宁主义同中国的实际相结合，走自己的路。现在中国搞建设，也要把马克思列宁主义同中国的实际相结合，走自己的路。……中国农村就是根据这样的原则，走自己的路，取得成功的。……以城市为重点的改革的决定，也是把马克思列宁主义的基本原理同中国实际相结合，走自己的路。"④ 可见，"走自己的路"，首先是从中国实际出发，走有中国特色的社会主义的路。

其二，依靠中国的力量建设自己的国家。这是"走自己的路"的另一层含义。邓小平指出："中国的事情要按照中国的情况来办，要依靠中国人自己的力量来办。独立自主，自力更生，无论过去、现在和将来，都是我们的立足点。"⑤

所谓依靠中国的力量建设自己的国家，就是在中国办各种事情，不论是经济建设还是政治建设，文化建设还是思想建设，民用建设还是国防建设，等等，都要依靠自己的物力、人力、财力，依靠自己的聪明、智慧、才干，按照自己的方式方法，自主地独立地去办，不能把希望寄托在外国人身上，不能把立足点放在外援上。邓小平讲："中国这样的社会主义大国，不可能走'捷径'。我们要利用外国的资金和技术，也要大力发展对外贸易，但是必然要以自力更生为主。"⑥ 我们要靠自己的力量建设中国特色社会主义。

中国的事情之所以要依靠自己的力量来办，是因为：第一，中国人最了解中国、熟悉中国，也最热爱中国、关心中国。中国的事情，哪些应该办，哪些不应办，哪些应先办，哪些应缓办，哪些应重点办，哪些一般办以及如何办，等等，中国最清楚，也最乐意去办。所以邓小平讲："任何国家的革命道路问题，都要由本国的共产党人自己去思考和解决，别国的人对情况不熟悉，指手划脚，是要犯错误的。"⑦ 第二，中国不仅地域广阔，资源丰富，环境良好，而且人口众多，人民勤劳勇敢、聪明能干，加之经过几代人特别是新中国两三代人的努力，在经济、政治、科技、军事、外交等方面，都具有相当的实力，中国人完全有能力把自己的事情办好。"我们很多东西是靠自己搞出来的"⑧，包括原子弹、氢弹、导弹、人造卫星等。第三，"越是富裕的国家越不慷慨，归根到底，我们要靠自己来摆脱贫困，靠自己发展起来。"⑨ 退一步说，就算它们很慷慨，世界上也没有哪一个国家能慷慨地援助中国这样地广人多的大国使之富裕起来。因此，我们只能"主要靠自己，同时不要闭关自守，可以多方面找朋友"⑩。

---

① 邓小平．邓小平文选：第2卷．2版．北京：人民出版社，1994：163.
② 同①：164.
③ 邓小平．邓小平文选：第3卷．1版．北京：人民出版社，1993：63.
④ 同③：95.
⑤ 同③：3.
⑥ 同①：257.
⑦ 同③：27.
⑧ 同①：406.
⑨⑩ 同③：282.

其三，顶住外部压力，维护自己的主权和独立。当今的世界，虽然和平与发展已成为主题，但是，各种政治力量相互争斗，各种矛盾错综复杂，世界并不安宁。特别是某些国家或集团推行霸权主义和强权政治，企图干涉别国内政，践踏别国主权。在这种情况下，中国要坚持“走自己的路”，坚持建设中国特色社会主义，就必须顶住外来压力，维护自己的主权和独立。否则，只能作别国的附庸，谈何“走自己的路”。

邓小平指出：“中国人民珍惜同其他国家和人民的友谊和合作，更加珍惜自己经过长期奋斗而得来的独立自主权利。任何外国不要指望中国做他们的附庸，不要指望中国会吞下损害我国利益的苦果。”[①] 过去，我们在非常困难的时候，敢于正视现实，用弱小的力量顶住外来的强大压力；今天，中国人民站立起来了，各方面都不同于过去了，更不怕任何外来的压力了。对于外来压力，“我们泰然处之，不受他们挑动”[②]。

“走自己的路”和维护自己的主权与独立，是同一个问题的两个方面。只有坚持“走自己的路”，才能使中国在世界上站起来，独立于世界民族之林；也只有坚持维护自己的主权与独立，才能更好地“走自己的路”。正如邓小平所说的：“中国本来是个穷国，为什么有中美苏‘大三角’的说法？就是因为中国是独立自主的国家。为什么说我们是独立自主的？就是因为我们坚持有中国特色的社会主义道路。否则，只能是看着美国人的脸色行事，看着发达国家的脸色行事，或者看着苏联人的脸色行事，那还有什么独立性啊！”[③] 可见，“走自己的路”本身就包含着维护国家的主权和独立的问题。

“走自己的路”就是要坚定中国特色社会主义的“道路自信”。“中国道路”源自人民选择。经过不懈的实践探索，经历一次次“金沙水拍”和“大渡桥横”，“中国道路”不但拥有了百折不回的韧性，而且具备了不断完善发展的内生动力。如果说改革开放之初的中国还是一本薄薄的“小册子”的话，沿着中国特色社会主义道路前行的中国，仅仅用了40年的时间，就用一篇篇精彩华章把自己铸成了一部恢宏史诗，让全世界都变成了中国的“读者”。我们之所以坚定“道路自信”，“中国答卷”已经做出证明。习近平强调，新时代中国特色社会主义是我们党领导人民进行伟大社会革命的成果，也是我们党领导人民进行伟大社会革命的继续，必须一以贯之进行下去。

总之，立足于中国国情和实际，走自己的路，在思想方法上体现了矛盾的普遍性和特殊性的统一，在基本立场上体现了独立自主和对外开放的统一，在理论原则上体现了理论与实践的具体的历史的统一。

资料小链接

20世纪初《共产党宣言》在中国的传播

1848年2月，一部划时代巨著《共产党宣言》公布于世，它标志着国际共产主义运动的正式开始。由于《共产党宣言》完整、系统、严密地阐述了马克思主义的主要思想，因而它的诞生就像一盏灿烂的明灯，照亮了全世界无产阶级和劳动人民的解放道路。《共产党宣言》在20世纪初传入中国，其传播过程颇为复杂和曲折。

---

① 邓小平．邓小平文选：第3卷．1版．北京：人民出版社，1993：3。

② 同①：311－312.

③ 同①：311.

资产阶级革命派与《共产党宣言》的早期传播

马克思主义最早传入中国，不是通过工人阶级自己的知识分子，而是由西方传教士和资产阶级改良派介绍过来的。西方传教士是为了向中国人民兜售西方的宗教教义，而资产阶级改良派则是为了鼓吹西方资产阶级改良主义学说。然而就在他们兜售和鼓吹的过程中，却先后不自觉地、零星地甚至是歪曲地把马克思主义的有关内容介绍给了中国人民。

在中文的文献中，第一个提到马克思及其学说的，是1899年3月出版的《万国公报》。这是英国传教士威廉士于1887年在上海创办的一本刊物。该报刊很早就登载过巴黎公社和第一国际日内瓦大会的消息，随后又介绍过欧美各派社会主义，并把它们通称为“大同学”和“安民新学”。

1899年3月，英国传教士李提摩太在《万国公报》第121期上发表了《大同学》第一章《今世景象》一文。该文写道：“其以百工领袖著名者，英人马克思也。马克思之言曰：纠股办事之人，其权笼罩五洲，突过于君相之范围一国。吾侪若不早为之所，任其蔓延日广，诚恐遍地球之财币，必将尽入其手。然万一到此时势，当即系富家权尽之时。何也？……”这是马克思的名字第一次出现在中文报刊上。而文中关于“马克思之言曰”后的文字，则是对《共产党宣言》中的“资产者与无产者”一节内容的意译。李提摩太的本意是想通过这一介绍，告知清政府全世界资本主义发展的趋势以及闭关锁国是不行的，同时规劝清政府当权者接受新潮和改良。但他万万没有想到，他在无意之中曲折地将马克思主义介绍到了中国。

此后，在资产阶级改良派主办的《新民丛报》《大公报》上也相继刊登了一些介绍马克思及其学说的译文。1902年10月，梁启超在《新民丛报》第18号上发表了《进化论革命者颉德之学说》一文，对马克思及其学说作了简要的介绍。然而这些介绍都是在所谓“更研哲理牖新知”的旗号下，将马克思主义作为西方政治学派中的一派加以介绍而已，其目的是借此向清政府施加压力，逼迫其施行君主立宪政体。

在中国开始有意识、有目的地传播马克思主义学说的，是以孙中山为首的早期资产阶级革命派。他们在向西方学习、探索救国救民道路的同时，还十分真挚地同情欧洲的社会主义运动。他们与资产阶级改良派的不同之处在于，是用一种赞赏的态度来介绍马克思主义学说。

1896年孙中山旅居伦敦时，就开始探讨社会主义理论，并知道了马克思。宋庆龄回忆说：那时“他知道马克思和恩格斯，他也听到了关于列宁和俄国工人革命活动的消息。早在那个时候，社会主义就对他发生了吸引力，他敦促留学生研究马克思的《资本论》和《共产党宣言》，并阅读了当时的社会主义书刊”，开始萌发了社会主义思想。

虽然此时的孙中山并不十分了解马克思的科学社会主义与欧洲资产阶级改良主义理论家的社会主义之间的区别，但由于他对社会主义有了朦胧的认识，因而他自信地以社会主义者自诩，并怀着虔诚和热情四处寻找社会革命党。1905年初，孙中山访问了设在比利时布鲁塞尔的第二国际书记处，会见了当时第二国际主席王德威尔得及书记处书记胡斯曼。在会见中，孙中山自称是社会主义者，并说明了中国社会主义者的目标和纲领，他表示，“中国社会主义者要采用欧洲的生产方式，使用机器，但是要避免其种种弊病”，“我们要在将来建立一个没有任何过渡的新社会，……中世纪的生产方式将直接过渡到社会主义的生产阶段，而工人不必经受资本家剥削的痛苦”。为此，孙中山还请求第二国际书记处接纳他为“党的成员”。但由于种种原因，孙中山这个愿望没能实现。

尽管早期资产阶级革命派由于受到历史的局限，还不能正确地理解马克思主义，但他们对马克思主义学说还是进行了大量的摘译，较系统地进行了介绍。著名资产阶级革命家朱执信、宋教仁等人都曾在《民报》上著文介绍马克思主义学说，摘译《共产党宣言》中有关的章节内容。

1906 年 1 月，朱执信以笔名蛰伸在《民报》第二号上发表了《德意志社会革命家小传》，较为系统地介绍了马克思的生平、学说，以及马克思、恩格斯为创立科学社会主义而从事的一系列革命活动。与此同时，他还对《共产党宣言》进行了评述。他说，“马尔克（即马克思）起草《共产主义宣言》，万国共产同盟会（第一国际）奉以为金科玉律”，“德意志之劳动者亦感于马尔克之说，起而与富豪抗”。又说：“前乎马尔克言社会主义而攻击资本者亦大有人，然能言其毒害之所由来，与谋所以去之道何自者，盖未有闻也。故空言无所裨。……夫马尔克之为《共产主义宣言》也，异于是。”他为此还专门摘译了《共产党宣言》中的 4 段内容介绍其要点。如第一章开头译文是：“自草昧混沌而降，至于吾今有生，所谓史者，何一非阶级争斗之陈迹乎。”结束语的译文是：“凡共产主义学者知隐其目的与意思之事，为不衷而可耻，公言其去社会上一切不平组织而更新之行为，则其目的，自不久达。……噫，来，各地之平民，其安可以不奋也！”

在同年 6 月出版的《民报》第五号上，宋教仁也以犟斋的笔名译著了《万国社会党大会略史》，第一次向国民介绍了国际共产主义运动发展史，并摘译了《共产党宣言》的结束语，其曰：“盖平民所决者，惟铁锁耳，而所得者，则全世界也。”“万国劳动者，其团结！”他所译的比朱执信译的更贴近于原文。叶夏声也以梦蝶生为笔名，在《民报》的第七号上发表了《无政府党与革命党之说明》一文，也在文中介绍了《共产党宣言》第二章的 10 条纲领。

1908 年 1 月，在同盟会会员刘师培、何震等人创办的以宣扬无政府主义为主的《天义报》第十五号上，刊登了民鸣所译恩格斯为《共产党宣言》写就的《1888 年英文版序言》的一部分，并加了编者按语：“按共产党宣言，发明阶级斗争说，最有裨于历史。此序文所言，亦可考究当时思想之变迁，欲研究社会主义之历史者，均当从此入门。”随后，又在 3 月出版的《天义报》第十六至十九期合刊上，发表了《共产党宣言》第一章的部分译文。

上述《共产党宣言》各种版本的摘译主要来自日文版《共产党宣言》，而日文版《共产党宣言》的全文本于 1904 年首刊于幸德秋水主编的《平民新闻》上。资产阶级革命派虽说在介绍马克思主义学说上出现了不少曲解和误解，但毕竟给国内的知识分子打开了眼界，提供了思想武器，为十月革命后马克思主义学说能在中国迅速传播奠定了基础。

五四运动推动了《共产党宣言》的翻译和传播

“十月革命一声炮响，给我们送来了马克思列宁主义。”在十月革命的影响下，以陈独秀、李大钊为代表的一批先进知识分子在向海外积极寻求革命理论时，一方面热情地学习马克思主义的著作，运用其学说观察、剖析国家命运，谋求民族独立解放；另一方面又在其自身学习的基础上广泛地开展宣传，将马克思主义在中国的传播推向了一个新的历史阶段。

1919 年 4 月，陈独秀主编的《每周评论》第十六期上发表了以“舍”署名的介绍《共产党宣言》的文章。文章在序言中指出：“这个宣言是 Marx 和 Engles 最先、最重大的意见”，“其要旨在主张阶级战争，要求各地劳工的联合，是表示新时代的文书”。在介绍《共产党宣言》第三章“无产者与共产党”的基本内容时，作者明确指出：“劳工革命的第一步，我们所最希望的就是把无产阶级高举起来，放他们在统治的地位，以图 Democracy 的战争的胜利。这些无产阶级的平民，将行使他们政治上的特权，打破一切的阶级，没收中产阶级的资本，把一切的生产关系都收归政府掌管，由这些人去组织一个统治的机关。并且要增加生产的能力，愈速愈妙。”文章还着重翻译了《共产党宣言》的十大政纲，较之《民报》的译文水平有了显著提高。虽然该文对《共产党宣言》的介绍仍有许多不准确之处，但却突出了《共产党宣言》中有关阶级斗争和无产阶级专政的基本思想，强调了无产阶级夺取政权后的主要任务是“要增加生产的能力，愈速愈妙”等。该文的发表在思想界引起了不小的震动，对即将来临的五四运动有一定的促进和影响。

五四运动的兴起，也将马克思主义在中国的传播大大地向前推进了一步。1919 年 5 月《新青年》出版了“马克思主义研究专号”。在这期专号上，李大钊发表《我的马克思主义观》一文，对马克思主义的一些基本原理作了系统而简明的介绍，认为“自马氏与昂格思合布《共产党宣言》，大声疾呼，檄告举世劳工阶级，促他们联合起来，推倒资本主义，大家才知道社会主义的实现，离开人民本身，是万万做不到的，这是马克思主义一个绝大的功绩”。不仅如此，李大钊在介绍唯物史观时，还专门引用了《共产党宣言》第一章的部分内容。而他在担任北京《晨报》副刊编辑时，开辟了“马克思研究”专栏，连续登载渊泉所译的《马克思唯物史观》一文。该文从《共产党宣言》的产生谈起，并对《共产党宣言》的结束语进行了较准确的翻译：“共产党以隐蔽主义、政见为卑劣的行为。所以我们公然向世人宣言曰，我们能够推倒现时一切的社会组织，我们的目的就可以达到。使他们的权利阶级，在共产革命的面前要发抖的。劳动者所丧失的东西，是一条铁链。劳动者所得的东西，是全世界。愿我万国劳动者，团结毋懈！”

在五四运动期间，一些国民党人也由过去介绍各派社会主义学说，转为主要介绍马克思主义的唯物史观、经济学说、阶级斗争理论以及十月革命。当时由国民党人主办的《建设》杂志、《星期评论》和《民国日报》副刊《觉悟》，便是他们研究、介绍马克思主义的主要阵地。据统计，1919 年 8 月至次年 4 月，《建设》杂志就刊载了关于马克思主义的文章（包括译文）20 余篇，成为当时国内介绍马克思主义学说比较突出的刊物之一。而《星期评论》则是与《新青年》齐名的介绍马克思主义的刊物，“在全国学生群众中很有影响，学生和工人经常有很多人投稿”，就连陈望道所翻译出版的《共产党宣言》也是由《星期评论》约的稿。《觉悟》副刊也是如此。自 1919 年 6 月以后的 3 年内，刊载了马列主义原著及介绍苏俄政治制度的文章多达 50 余篇，其数量超过了《新青年》。由此可见，这 3 个刊物在中国早期介绍和传播马克思主义学说方面是功不可没的。虽然此时在国内涉及马克思主义学说的中文摘译比较多，但还没有一本完整的全译本。

1920 年春，陈望道由于在浙江第一师范受到守旧派的攻击，便离开此地，回到故乡义乌分水塘村，因受《星期评论》主编人戴季陶、沈玄庐、李汉俊的委托，开始潜心研究新思潮，着手翻译《共产党宣言》。戴季陶早年在日本留学时思想颇为激进，曾买到一本日文版《共产党宣言》，亦深知此书的分量，打算译成中文。可阅读之后，他放弃了自译的打算。因为翻译此书绝非易事，译者不仅要谙熟马克思主义理论，而且还要有相当高的中文文学修养。比如，该著作的第一句话（今译“一个幽灵，共产主义的幽灵，在欧洲徘徊。"）要想贴切地译成中文就不容易。此后，当他回到上海主编《星期评论》时，便四处物色合适的人选翻译《共产党宣言》，准备在该刊连载。《民国日报》主笔邵力子得知此事后向他举荐了陈望道。于是，戴季陶提供了日文版《共产党宣言》，陈独秀又通过李大钊从北京大学图书馆借出英文版（原著为德文版），供陈望道对照翻译（据云，周恩来在20世纪50年代曾问陈望道，《共产党宣言》最初是依据什么版本译的，陈望道说主要是据日文版译，同时参考英文版）。

陈望道回到家乡后，在一间柴房里开始专心翻译这部伟大的著作。由于柴房经年失修，破烂不堪，而山区早春的气候还相当寒冷，常常冻得他手足发麻，可他硬是只凭借着柴房里的一块铺板、两条长凳、一盏油灯，以及老母亲送来的三餐菜饭，夜以继日，孜孜不倦，终于在1920年4月间把马克思主义的第一部经典著作、国际共产主义运动的第一个纲领性文件——《共产党宣言》译成了中文，为马克思主义在中国的传播作出了杰出的贡献。

《共产党宣言》全译本正式出版

陈望道把中译本《共产党宣言》连同日文版、英文版交给李汉俊，请他校阅。李汉俊校毕，又送陈独秀再校，经陈望道改定，正准备交《星期评论》连载时，却发生了一个意外事件：《星期评论》的进步倾向受到当局注意，被迫于1920年6月6日停刊。而此时，陈独秀正在筹备建立中国共产党，印行《共产党宣言》则是当务之急。

陈独秀与来华的共产国际代表维经斯基商议后，通过多种途径筹措到一笔经费，在上海辣斐德路（今复兴中路）成裕里12号租了一间房子，建立了一个小型印刷厂承印《共产党宣言》。1920年8月，一本封面印有马克思肖像、上端印着"社会主义研究小丛书第一种"，由"马格思、安格斯合著，陈望道译"的《共产党宣言》在上海公开出版，这也是马克思的著作在中国的第一个全译本。该书刚一问世，就在思想界引起了很大反响，广大知识分子竞相争购，一时间"洛阳纸贵"。

《共产党宣言》初版时印了1 000册，不胫而走。一个月后，再版，又印了1 000册，仍然抢购一空。当时出版发行是借用了"社会主义研究社"的名义，而很多读者渴望得到此书，但又苦于寻找不到"社会主义研究社"的地址，于是纷纷投书给《星期评论》杂志主编沈玄庐，询问发行处在何处，怎样才能购买到此书。1920年9月30日，沈玄庐在上海《民国日报》副刊《觉悟》上，以"答人问《共产党宣言》底发行所"为题，复信广大读者说："你们来信问陈译马克思《共产党宣言》的买处，因为问的人多，没工夫一一回信，所以借本栏答复你们问的话"，"社会主义研究社，我不知道在哪里。我看的一本，是陈独秀先生给我的，独秀先生是到'新青年社'拿来的，新青年社在法大马路自鸣钟对面。"就这样巧妙地回答了读者提出的问题。

应广大读者的一再要求，到1926年5月止，陈望道中译本《共产党宣言》已重印达17版之多。而从1920年8月第一次印刷发行起，到1938年上海新文化书房印最后一版时，该书三易书名，四改译名，六换出版单位，冲破了反动当局的一次次查禁封锁，成为我国早期流传最广、影响最深的马克思主义著作，也成为无数革命先驱走向信仰共产主义的启蒙读本。

《共产党宣言》在中国的早期传播，影响和培育了当时整整一代革命者，促使他们由激进的民主主义者转变为共产主义战士。1936年11月，毛泽东在陕北窑洞里对美国记者埃德加·斯诺讲述自己是如何成为一个坚定的马克思主义者时说道：“我第二次到北京期间，读了许多关于俄国情况的书。我热心地搜寻那时候能找到的为数不多的用中文写的共产主义书籍。有三本书特别深地铭刻在我的心中，建立起我对马克思主义的信仰……这三本书是陈望道译的《共产党宣言》，这是用中文出版的第一本马克思主义的书；考茨基著的《阶级斗争》；以及柯察普著的《社会主义史》。”周恩来在谈个人和革命的历史时也说道：“这一时期（1920 年），在国内曾看到《共产党宣言》，在法国又开始读到《阶级斗争》与《共产党宣言》，这些著作对我影响很大。”由此可见，20 世纪初，《共产党宣言》在中国虽然历经了万分艰难的传播过程，但最终结出了丰硕的果实，使共产主义运动在古老的中国大地上蓬勃发展。

资料来源：王列平 . 20 世纪初《共产党宣言》在中国的传播 . 文史精华，2007（6）.

练习题

一、单项选择题

1.《仰望星空》的诗文中的“仰望星空”其本来含义是指：（　　）。

A. 胸怀远大理想

B. 前瞻性地思考未来

C. 注重理论研究与创新

D. 注重理论与实践的创新

2. 马克思主义诞生的标志是：（　　）。

A. 1845 年《德意志意识形态》的发表

B. 1845 年《关于费尔巴哈的提纲》的发表

C. 1848 年《共产党宣言》的发表

D. 1871 年巴黎公社革命的发生

3. 马克思主义最根本的理论特征是：（　　）。

A. 辩证唯物主义和历史唯物主义的统一

B. 革命性、科学性和实践性的统一

C. 实事求是

D. 与时俱进

4. 党的幼年时期在应用马克思主义问题上犯的最主要的错误是：（　　）。

A. 把马克思主义神圣化

B. 把马克思主义国际化

C. 把马克思主义实用化

D. 把马克思主义教条化

5. 在我们党的历史上最早提出马克思主义中国化命题的是：（　　）。

A. 毛泽东　　B. 刘少奇　　C. 王稼祥　　D. 张闻天

6. 毛泽东在 1941 年《改造我们的学习》中曾经深刻概括了中国共产党历史的本质是：（　　）。

A. 武装斗争的历史

B. 马克思主义中国化的历史
C. 不断理论创新的历史
D. 依靠人民群众开展人民革命的历史

7. 最能体现马克思主义基本原理与中国实际相结合的典型事例是：(　　)。
A. 农村包围城市、武装夺取政权的提出
B. 统一战线思想的提出
C. 实事求是的提出
D. 把党的思想理论建设放在党的建设首位

8. 在党的七大上对“马克思主义中国化”从理论上作了进一步阐述的是：(　　)。
A. 毛泽东　　B. 刘少奇　　C. 周恩来　　D. 朱德

9. 把毛泽东思想确立为党的指导思想是在：(　　)。
A. 1935 年党的遵义会议
B. 1938 年党的六届六中全会
C. 延安整风运动
D. 1945 年党的七大

10. 对毛泽东和毛泽东思想的历史地位作出科学的、实事求是评价的是：(　　)。
A.《解放思想，实事求是，团结一致向前看》
B.《关于建党以来党的若干历史问题的决议》
C.《关于建国以来党的若干历史问题的决议》
D.《完整准确地理解毛泽东思想》

11. 马克思主义中国化各个理论成果的精髓是：(　　)。
A. 解放思想　　B. 实事求是　　C. 与时俱进　　D. 求真务实

12. 毛泽东对“实事求是”作出马克思主义的理论解释是在：(　　)。
A.《论新阶段》　　B.《矛盾论》
C.《实践论》　　D.《改造我们的学习》

二、多项选择题

1. 马克思主义同中国实际相结合的过程中，产生了一系列马克思主义中国化的理论成果，它们包括：(　　)。
A. 毛泽东思想
B. 邓小平理论
C. “三个代表”重要思想
D. 科学发展观
E. 习近平新时代中国特色社会主义思想

2. 毛泽东指出，马克思主义中国化就是要把马克思主义普遍真理与中国革命的具体实际相结合，具体说来就是要和：(　　)。
A. 中国革命实践相结合
B. 中国历史相结合
C. 中国文化相结合
D. 中国国情相结合

3. 毛泽东指出，马克思主义中国化的主要目标就是要：（ ）。

A. 把马克思主义作为党的指导思想

B. 用马克思主义解决中国问题

C. 在实践中创造些新的东西

D. 反对马克思主义教条化

4. 在党的幼年时期，由于理论准备和实践经验不足，党在马克思主义与中国实际相结合方面走了一段弯路，其主要问题是：（ ）。

A. 把马克思主义教条化

B. 把马克思主义理论化

C. 把马克思主义经验化

D. 把共产国际决议和苏联经验神圣化

第二专题

毛泽东思想概述

引言

如何正确评价毛泽东和毛泽东思想

学习目标

树立正确的历史观，懂得如何评价毛泽东和毛泽东思想，关系到怎样看待党和国家过去几十年奋斗的成就，关系到党的团结、国家的安定，也关系到党和国家未来的发展前途。毛泽东是中国共产党和中国人民的伟大领袖，尽管他在晚年也曾犯过严重错误，但总体来看，他一生的功绩还是第一位的。特别是作为马克思主义中国化的第一个理论成果——毛泽东思想，更是中国共产党历史中的宝贵财富。

学习内容提要

通过听课和阅读毛泽东生平等相关材料，了解毛泽东对中国革命的巨大贡献，同时能够客观看待毛泽东晚年的错误。

学习步骤

1. 先阅读本部分的【学习内容详解】，并可参看《毛泽东传》（中央文献出版社出版）及其他关于毛泽东生平的资料、图片等，了解有关毛泽东的历史背景材料，然后听教师讲解。

2. 阅读《毛泽东诗词选》（人民文学出版社出版），观看专题片《走近毛泽东》并思考问题：

（1）毛泽东是怎样成为中国共产党的领袖的？

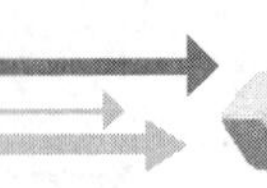

(2) 为什么把“正确评价毛泽东”作为邓小平的两大历史性贡献之一?

学习内容详解

一个民族怎样评价自己的领袖是衡量这个民族政治上是否成熟的重要标志。正确认识毛泽东思想的历史地位和指导意义，有一个怎样科学评价毛泽东和毛泽东思想的问题。这个问题的解决，关系到怎样看待党和国家过去几十年奋斗的成就，关系到党的团结、国家的安定，也关系到党和国家未来的发展前途，不仅有重要的历史意义，而且有重要的现实意义。正确评价毛泽东，必须把经过长期历史考验形成科学理论的毛泽东思想，同毛泽东晚年所犯的错误区别开来。毛泽东晚年的错误是由于违反了他自己主张的实事求是原则造成的。邓小平在领导全党拨乱反正中，用极大的精力来解决如何正确评价毛泽东和毛泽东思想的问题。在他的主持下，1981 年党的十一届六中全会作出的《关于建国以来党的若干历史问题的决议》，对毛泽东和毛泽东思想的历史地位作出了科学的、实事求是的评价。

毛泽东是伟大的无产阶级革命家、战略家、理论家，是中国共产党、人民解放军、中华人民共和国的主要缔造者。他为中国共产党和人民解放军的建立和发展，为新中国的建立和我国社会主义事业的发展，做出了永不磨灭的贡献；他为全世界被压迫民族和人民的解放事业和人类进步事业做出了重大贡献。毛泽东是毛泽东思想的主要创立者。毛泽东是中国共产党内最早反对把马列主义教条化和苏联经验神圣化的领导人；是把马列主义与中国具体实践相结合的光辉典范；是对中国革命经验进行科学总结的杰出代表。他把中国革命理论系统化，并对马克思主义做出了独创性贡献。毛泽东晚年犯了“左”的错误，其错误主要是：在党的中心工作问题上的阶级斗争扩大化错误；在经济建设问题上的急于求成和急于过渡的错误。毛泽东晚年的错误不属于毛泽东思想。综观毛泽东一生，功大于过。

第一节 新民主主义革命的总路线和基本纲领

学习目标

把握近代中国的国情、近代中国社会的性质和主要矛盾，以及中国革命的首要任务。着重了解以毛泽东为主要代表的中国共产党人，把马克思列宁主义普遍原理与中国革命的具体实际相结合，创立新民主主义革命理论的历史进程。知晓中国革命必须走农村包围城市、武装夺取政权的革命道路；统一战线、武装斗争、党的建设是新民主主义革命的三大法宝，是新民主主义革命胜利的基本经验。

学习内容提要

重点学习新民主主义革命的基本性质，特别是与旧民主主义革命的联系与区别。新民主主义革命与旧民主主义革命相比有其新的内容和特点，集中表现在：中国革命处于世界无产阶级社会主义革命的时代；革命的领导力量是中国无产阶级及其先锋队——中国共产党；革命的指导思想是马克思列宁主义；革命的前途是社会主义而不是资本主义。

学习步骤

1. 阅读本节的【学习内容详解】，然后听教师讲解，并思考：新民主主义革命“新”在哪里？

2. 通过学习，重点解决中国革命的必然性问题，也就是为什么只有通过新民主主义革命才能彻底扫除帝国主义、封建主义和官僚资本主义对中国人民的重重压迫，才能真正解决自鸦片战争以来中华民族面临的国家独立和民族解放的历史课题。

学习内容详解

一、新民主主义革命的必然性

认清国情，是认清和解决革命问题的基本依据。近代中国，已经沦为一个半殖民地半封建性质的社会，这是中国当时最基本的国情。

1. 近代中国的国情

近代中国半殖民地半封建的社会性质，决定了当时社会的主要矛盾是帝国主义和中华民族的矛盾、封建主义和人民大众的矛盾。而帝国主义和中华民族的矛盾，又是各种矛盾中最主要的矛盾。

近代中国社会的性质和主要矛盾，决定了近代中国革命的首要根本任务是推翻帝国主义、封建主义和官僚资本主义的统治，从根本上推翻反动腐朽的政治上层建筑，变革阻碍生产力发展的生产关系，为建设繁荣富强民主的国家、改善人民的生活、确立人民当家做主的政治地位扫清障碍，创造必要的前提。

2. 新民主主义革命的时代特征

近代中国的社会性质和主要矛盾，决定了中国需要的革命是资产阶级民主革命。从鸦片战争到辛亥革命期间，中国人民在不同时期和不同程度上进行的反帝反封建的斗争，属于旧民主主义革命的范畴。

在俄国十月革命的影响下，1919 年五四运动之后，中国无产阶级开始作为独立的政治力量登上历史舞台，由自在阶级转变为自为的阶级。随着马克思主义在中国的传播，马克思主义逐步成为中国革命的指导思想。近代中国革命以五四运动为开端，进入新民主主义革命阶段。

为了挽救空前深重的民族危机和社会危机，中国人民曾经进行过多次不屈不挠的英勇斗争，无数仁人志士苦苦探索救国救民的道路。旧民主主义革命的失败、近代中国革命形势的发展，以及世界形势的变化，为新民主主义革命理论的形成提供了客观条件。

二、新民主主义革命的性质和特点

1. 新民主主义革命的总路线

总路线是相对于具体路线而言的根本指导路线。中国共产党在新民主主义革命时期的总路线，是在总结新民主主义革命实践经验的基础上制定的，它反映了中国革命的基本规律，指明了中国革命的对象、动力、领导力量、依靠力量和发展前途。1939 年，毛泽东在《中国革命和中国共产党》一文中，第一次提出了新民主主义革命的科学概念和总路线的基本内容。1940 年 1 月，毛泽东在《新民主主义论》中系统论述了新民主主义的政治、经济和文化纲领。1948 年，他在《在晋绥干部会议上的讲话》中完整地表述了总路线的内容，即无产阶级领导的，人民大众的，反对帝国主义、封建主义和官僚资本主义的革命。

2. 新民主主义革命的对象、动力和领导力量

（1）新民主主义革命的对象。

分清敌友，这是革命的首要问题。近代中国社会的性质和主要矛盾，决定了中国革命的主要敌人，就是帝国主义、封建主义和官僚资本主义。

帝国主义是中国革命的首要对象，是中国人民第一个和最凶恶的敌人。帝国主义是阻碍中国社会进步和发展的首要因素，是近代中国贫困落后和一切灾祸的总根源。推翻帝国主义的压迫是中国走向独立和富强的前提。

在近代中国社会里，封建剥削制度是帝国主义统治中国和封建军阀实行专制统治的社会基础。封建地主阶级的政治统治也是中国经济现代化和政治民主化的主要障碍。反对封建主义，从根本上说，就是要在经济上消灭封建剥削制度，在政治上消灭军阀的专制统治，消灭地主阶级，解放生产力，为中国的经济现代化和政治民主化创造条件。

官僚资本主义是依靠帝国主义、勾结封建势力、利用国家政权力量而发展起来的买办的封建的国家垄断资本主义。反对官僚资本主义并非因为它是资本主义，而是因为这种资本主义同外国帝国主义、本国地主阶级和旧式富农密切地结合着，具有买办性、封建性和垄断性。官僚资本主义对广大劳动人民的残酷剥削和对民族工商业的巧取豪夺，严重地束缚了中国社会生产力的发展，因此也是中国革命的对象。

从总体上说，中国革命的对象是帝国主义、封建主义和官僚资本主义，它们是压在中国人民头上的三座大山。但是，在不同历史阶段，随着社会主要矛盾的变化，集中反对的主要敌人有所不同。在国共合作的大革命时期，革命的主要对象是帝国主义支持下的北洋军阀；在土地革命战争时期，革命的主要对象是国民党新军阀；在抗日战争时期，革命的主要对象是日本帝国主义；在解放战争时期，革命的主要对象是美帝国主义支持下的国民党反动派。

（2）新民主主义革命的动力。

新民主主义革命的动力是工人阶级、农民阶级、城市小资产阶级和民族资产阶级，而根本的动力是工人和农民。

中国无产阶级是中国革命最基本的动力。无产阶级是中国沦为半殖民地半封建社会过程中最早出现的一个新的社会阶级。它不但是伴随着中国民族工业的产生而产生的，而且是伴随着外国资本主义在中国直接经营企业而产生的。中国无产阶级是新的社会生产力的代表，是近代中国最进步的阶级。

农民是中国革命的主力军，是无产阶级最可靠的同盟军。农民问题是中国革命的基本问题，新民主主义革命实质上就是中国共产党领导下的农民革命，中国革命战争实质上就是党领导下的农民战争。工人阶级只有与农民结成巩固的联盟，才能形成强大的力量，才

能完成反帝反封建的革命任务。工人阶级对于农民的领导，是实现革命领导权的基础。

城市小资产阶级，包括广大的知识分子、小商人、手工业者和自由职业者，同样受帝国主义、封建主义和官僚资本主义的压迫，日益走向破产和没落。因此，城市小资产阶级同样是中国革命的动力之一。

民族资产阶级是一个带有两面性的阶级。这种两面性，决定了他们一方面能够在一定时期和一定程度上参加反帝反封建的革命，而在另一方面又有跟在官僚资产阶级后面反对革命的危险。因此，他们虽然也是新民主主义革命的动力之一，但不能充当革命的主要力量，更不可能是革命的领导力量。中国共产党对民族资产阶级，在政治上争取他们，对其动摇性和妥协性进行批评和斗争，在经济上保护民族工商业，采取又联合又斗争的政策，是合乎实际的，是争取革命胜利的需要。

（3）新民主主义革命的领导力量。

无产阶级的领导权是中国革命的中心问题，也是新民主主义革命理论的核心问题。区别新旧两种不同范畴的民主主义革命，根本的标志是革命的领导权掌握在无产阶级手中还是掌握在资产阶级手中。

无产阶级及其政党的领导，是中国革命取得胜利的根本保证。新民主主义革命不能由任何别的阶级和任何别的政党充当领导者，只能和必须由无产阶级及其政党充当领导者。无产阶级及其政党实现对各革命阶级的领导，必须建立以工农联盟为基础的广泛的统一战线，这是实现领导权的关键。中国的新民主主义革命，实质上就是无产阶级领导下的农民革命。

3. 新民主主义革命的性质和前途

近代中国半殖民地半封建社会的性质和中国革命的历史任务，决定了中国革命的性质不是无产阶级的社会主义革命，而是资产阶级民主主义革命。但是，中国革命已不是旧式的、一般的资产阶级民主主义的革命，而是新的民主主义革命。

新民主主义革命与旧民主主义革命相比有其新的内容和特点，集中表现在：中国革命处于世界无产阶级社会主义革命的时代；革命的领导力量是中国无产阶级及其先锋队——中国共产党；革命的指导思想是马克思列宁主义；革命的前途是社会主义而不是资本主义。

新民主主义革命与社会主义革命性质不同。新民主主义革命仍然属于资产阶级民主主义的革命范畴，它推翻帝国主义、封建主义和官僚资本主义的反动统治，在政治上争取和联合民族资产阶级去反对共同的敌人，在经济上保护民族工商业，容许有利于国计民生的私人资本主义发展。它要建立的是无产阶级领导的各革命阶级的联合专政，而不是无产阶级专政。社会主义革命是无产阶级性质的革命，它所要实现的目标是消灭资本主义剥削制度和改造小生产的私有制。

新民主主义革命与社会主义革命又是互相联系、紧密衔接的，中间不容横插一个资产阶级专政。“民主主义革命是社会主义革命的必要准备，社会主义革命是民主主义革命的必然趋势。”① 只有认清民主主义革命和社会主义革命的区别，同时又认清两者的联系，才能正确地领导中国革命。

① 毛泽东．毛泽东选集：第2卷．2版．北京：人民出版社，1991：651.

在党的历史上，“左”倾教条主义的“一次革命论”的错误在于，只看到了民主革命与社会主义革命的联系，而混淆了民主革命和社会主义革命的区别，主张把社会主义革命阶段的任务放在民主革命阶段来完成，在反帝反封建的同时，也反对民族资产阶级，在政治上和经济上实行“左”的政策，使中国革命蒙受了重大损失。而右倾的“二次革命论”的错误在于，只看到了民主革命和社会主义革命的区别，而没有看到两个革命阶段的联系，主张在民主革命胜利后，建立一个资产阶级专政的资本主义国家，将来再去进行社会主义革命，放弃党对民主革命的领导权，同样使中国革命遭受了严重损失。

4. 新民主主义的政治纲领、经济纲领和文化纲领

一个政党的纲领，是一个政党公开宣示的它的基本目标和基本政策的总和，是其公开树立起来的一面旗帜，是表明其性质的重要标志。1940 年，毛泽东在《新民主主义论》中阐述了新民主主义的政治、经济和文化。1945 年，他在党的七大所作的政治报告《论联合政府》中，进一步把新民主主义的政治、经济和文化与党的基本纲领联系起来进行了具体阐述。新民主主义基本纲领是新民主主义革命总路线的具体展开和体现，为新民主主义革命指明了具体奋斗目标。

（1）新民主主义的政治纲领。

新民主主义的政治纲领，是指新民主主义国家的阶级性质和政权组织形式。其基本内容是：推翻帝国主义和封建主义的统治，建立一个无产阶级领导的、以工农联盟为基础的、各革命阶级联合专政的新民主主义的共和国。

新民主主义国家的国体是无产阶级领导的，以工农联盟为基础，包括小资产阶级、民族资产阶级和其他反帝反封建的人们在内的各革命阶级的联合专政。资产阶级共和国的道路已被实践证明在中国行不通，而中国社会的性质决定了中国革命的历史进程必须分两步走，第一步是建立新民主主义共和国，无产阶级专政的共和国是将来才能实现的目标。新民主主义共和国所采取的国家政权形式（国体）是几个革命阶级的联合专政——人民民主专政。与新民主主义国体相适应的政体是实行民主集中制的人民代表大会制度。新民主主义国家的国体决定了人民当家做主，由人民行使管理国家的一切权力，这是新民主主义国家制度的核心内容和基本准则，而人民代表大会制度能够最直接、最全面地体现这一核心内容和准则。

（2）新民主主义的经济纲领。

新民主主义经济是实现新民主主义政治目标的必要基础。新民主主义经济纲领的主要内容是：没收封建地主阶级的土地归农民所有，没收官僚资产阶级的垄断资本归新民主主义国家所有，保护民族工商业。

“没收封建地主阶级的土地归农民所有”，是新民主主义革命的中心内容。“没收官僚资产阶级的垄断资本归新民主主义国家所有”，是新民主主义革命的题中应有之义。“保护民族工商业”，是新民主主义经济纲领中极具特色的一项内容。

（3）新民主主义的文化纲领。

新民主主义的文化纲领是新民主主义理论的重要组成部分。新民主主义的政治和经济，必须要有与之相适应的新民主主义文化。新民主主义文化就是无产阶级领导的人民大众的反帝反封建的文化，即民族的科学的大众的文化。在新民主主义文化中居于指导地位的是共产主义思想。

新民主主义文化是民族的，就其内容来说是反对帝国主义压迫、主张中华民族的尊严和独立的；就其形式来说是具有鲜明的民族风格、民族形式和民族特色的文化，要有中国作风和中国气派。新民主主义文化是科学的，反对一切封建思想和迷信思想，主张实事求是、客观真理和理论与实践的一致性。新民主主义文化是为全民族中90%以上的工农大众服务的，是人民大众的文化，也就是民主的文化。

三、新民主主义革命的基本规律

1. 中国革命道路理论的主要内容及意义

在一个以农民为主体的半殖民地半封建的国度里进行革命，应该选择什么样的道路，这是中国共产党在领导中国革命的过程中面对的和必须回答的重大问题。以毛泽东为主要代表的中国共产党人把马克思主义基本原理与中国革命的具体实际相结合，走出了一条不同于俄国十月革命的道路，即农村包围城市、武装夺取政权的革命道路。

（1）对中国革命道路的艰难探索。

党成立初期，首先把工作重心放在城市，领导工人阶级，开展工人运动，这样有利于扩大党的阶级基础。但当时对于发动农民参加革命、建立农村革命根据地的重要性缺乏足够的认识。1927年反动政府对革命者的大屠杀导致大革命失败后，党的工作重心开始转向农村。秋收起义失败后，毛泽东创建了井冈山革命根据地，把武装斗争的主攻方向首先指向农村，并在这一过程中，潜心研究中国革命道路的理论。1928年10月和11月，毛泽东在《中国的红色政权为什么能够存在?》和《井冈山的斗争》等文章中，分析了处于白色政权包围的环境中农村革命根据地政权发生、发展的原因和条件，提出了“工农武装割据”的思想，即以武装斗争为主要斗争形式，以土地革命为中心内容，以农村革命根据地为依托，三者密不可分，是一个统一的整体。这一思想的提出，为农村包围城市道路理论的形成奠定了基础。1930年1月，毛泽东针对党内对时局估量的悲观思想，在《星星之火，可以燎原》一文中，回答了“红旗到底打得多久”的疑问，初步形成了以乡村为中心，先在农村建立和发展红色政权，待条件成熟时再夺取全国政权的思想。

（2）农村包围城市、武装夺取政权道路的依据及内容。

第一，中国革命必须走农村包围城市、武装夺取政权的道路。这是由中国国情决定的。中国无产阶级及其政党要战胜强大的敌人，革命的主要斗争形式只能是武装斗争，以革命的武装消灭反革命的武装，相应的主要组织形式必然是军队。

中国革命的特点决定了无产阶级及其政党必须将工作重心放在农村，在农村长期积蓄和锻炼自己的力量。只有把农村建设成先进的、巩固的革命根据地，才能与占据着中心城市的敌人进行长期有效的斗争，以农村包围城市，逐步夺取城市，取得革命的最后胜利。

第二，近代中国是一个政治、经济、文化发展极不平衡的半殖民地半封建的大国。中国经济政治发展的不平衡，使得中国没有统一的资本主义经济，自给自足的自然经济广泛存在，这就为在农村建立革命根据地提供了条件。广大农村是反革命统治的薄弱环节，军阀割据的局面和连绵不断的军阀混战，又使红色政权获得存在和发展的缝隙，这是农村革命根据地能够在中国存在和发展的根本原因。全国革命形势的继续向前发展，是中国红色政权能够存在和发展的又一重要的客观条件。而相当力量正式红军的存在，党的领导及其正确的政策，则是红色政权能够存在和发展的主观原因和条件。

第三，中国是一个半殖民地半封建的农业大国，农民占全国人口的绝大多数，农民是无产阶级可靠的同盟军和革命的主力军。只有实行土地革命，解决农民的土地问题，才有可能把农民充分发动起来，摧毁帝国主义和封建地主阶级反动统治的基础。因此，中国革命必须把工作重心放在农村，先占乡村，后取城市，最后夺取全国政权。

中国革命走农村包围城市、武装夺取政权的道路，必须处理好土地革命、武装斗争、根据地建设三者之间的关系。土地革命是民主革命的中心内容；武装斗争是中国革命的主要形式，是农村根据地建设和土地革命的强有力保证；农村革命根据地是中国革命的战略阵地，是进行武装斗争和开展土地革命的依托。

（3）中国革命道路理论的意义。

中国革命道路理论解决了在一个以农民为主体的、落后的半殖民地半封建的东方大国里进行革命的一系列理论问题，指导新民主主义革命取得了伟大胜利，为实现由新民主主义向社会主义的转变、建立社会主义制度创造了条件，为实现国家繁荣富强和人民共同富裕，扫清了障碍，创造了必要的前提。

2. 新民主主义革命的三大法宝及其相互关系

毛泽东在《〈共产党人〉发刊词》一文中，总结了中国革命两次胜利和两次失败的经验教训，揭示了中国革命发展的客观规律，指出"统一战线，武装斗争，党的建设，是中国共产党在中国革命中战胜敌人的三个法宝，三个主要的法宝"①。

（1）革命统一战线的建立及其主要经验。

统一战线问题是无产阶级政党策略思想的重要内容。建立最广泛的统一战线，首先是由中国半殖民地半封建社会的阶级状况所决定的，其次是由中国革命的长期性、残酷性及发展的不平衡性所决定的。

中国共产党领导的革命统一战线，包含着两个联盟：一个是工人阶级同农民阶级、广大知识分子及其他劳动者的联盟，主要是工农联盟；另一个是工人阶级和非劳动人民的联盟，主要是与民族资产阶级的联盟。第一个联盟是统一战线的基础和依靠，只有巩固的工农联盟，才能实现党对统一战线的领导权。同时，第二个联盟也非常重要，联合一切可以联合的力量，壮大自己，孤立主要的敌人，才能巩固和发展统一战线。

党在领导建立和巩固抗日民族统一战线的实践中，强调必须坚持独立自主的原则，保持党在思想上、政治上和组织上的独立性。在革命进程中，必须坚持发展进步势力、争取中间势力、孤立顽固势力的方针。在同顽固派进行斗争时，坚持有理、有利、有节的原则，以维护和坚持统一战线，实现统一战线的政治目标。

建立革命统一战线的主要经验有：

其一，坚持党在统一战线中的领导权，这是建立和巩固统一战线的根本保证。

其二，坚持以工农联盟为基础，扩大非劳动人民的联盟。

其三，对资产阶级实行又联合又斗争的政策。

（2）武装斗争是中国革命的主要斗争形式。

武装斗争是中国革命的特点和优点之一。与资本主义国家不同，在半殖民地半封建的

---

① 毛泽东．毛泽东选集：第2卷．2版．北京：人民出版社，1991：606.

旧中国，帝国主义和封建主义总是凭借着反革命暴力对革命人民实行残暴的镇压。无产阶级和广大人民群众无议会可以利用，无组织工人举行罢工的合法权利。革命人民只有武装起来，以武装的革命反对武装的反革命。中国革命的胜利，主要是依靠中国共产党所领导的与广大人民群众血肉相连的完全新型的人民军队，通过长期人民战争战胜强大敌人取得的。坚持武装斗争必须建立一支人民军队，没有一支人民的军队，便没有人民的一切，就不可能有人民的解放和国家的独立。

这支军队只能是而且必须是在中国共产党的绝对领导下的人民军队。坚持党对军队的绝对领导，是建设新型人民军队的根本原则，是保持人民军队无产阶级性质和建军宗旨的根本前提，也是毛泽东建军思想的核心。

这支军队以全心全意为人民服务为唯一宗旨。坚持全心全意为人民服务的宗旨，是建设新型人民军队的基本前提，也是人民军队一切行动的根本准则和一切工作的出发点与归宿。它集中体现了人民军队的本质，是人民军队立于不败之地的根本所在。

（3）党的建设的主要内容和基本经验。

中国共产党要领导革命取得胜利，必须不断加强党的思想建设、组织建设和作风建设。加强党的建设，必须把思想建设始终放在首位，克服党内的非无产阶级思想。在加强党的思想建设的同时，必须加强党的组织建设和作风建设，必须把党的建设同党的政治路线紧密联系起来。这些是新民主主义革命时期党的建设的主要经验。党在领导新民主主义革命过程中，把党的建设作为一项“伟大的工程”，逐步形成了理论和实践相结合的作风、和人民群众紧密地联系在一起的作风以及自我批评的作风，这是中国共产党区别于其他任何政党的显著标志。

1949 年，毛泽东在《论人民民主专政》一文中，对新民主主义革命的基本经验作了集中概括：“一个有纪律的，有马克思列宁主义的理论武装的，采取自我批评方法的，联系人民群众的党。一个由这样的党领导的军队。一个由这样的党领导的各革命阶级各革命派别的统一战线。这三件是我们战胜敌人的主要武器。这些都是我们区别于前人的。依靠这三件，使我们取得了基本的胜利。”① 毛泽东关于新民主主义革命基本经验的总结，丰富和发展了马克思主义关于无产阶级领导人民革命的理论和政策。

第二节 毛泽东建设中国社会主义的最初探索

学习目标

了解新民主主义向社会主义过渡时期我国社会的基本性质；了解我们党在过渡时期的总路线，了解社会主义改造的基本原则和方法。正确认识社会主义改造的必要性，把握当

① 毛泽东．毛泽东选集：第 4 卷．2 版．北京：人民出版社，1991：1480.

时国内外的基本形势。正确总结社会主义改造的经验和教训；了解社会主义改造的启示和意义。

学习内容提要

主要是通过阅读相关教材和听课，重点学习党在社会主义过渡时期的总路线，理解毛泽东提出的“以苏为鉴”的含义，学习我们党在过渡时期采取的一系列具有中国特点的政策和做法。

学习步骤

阅读教材中的相关内容，然后听教师讲解，并思考下列问题：

(1) 怎样看待社会主义改造的必要性？

(2) 我国实行社会主义改造的主要特点是什么？

(3) 反思社会主义改造的成功与不足，以及历史启示。

学习内容详解

一、新民主主义建设的巨大成就

1949年10月1日，中华人民共和国宣告成立，这标志着占世界人口四分之一的东方大国开始迈向社会主义社会，这是世界社会主义运动史上一个历史性的伟大胜利。但需要特别指出的是，它首先是新民主主义革命的胜利。从新中国成立到1956年社会主义改造完成的这一历史时期，实际上是我国由新民主主义社会向社会主义社会的“过渡时期”，我们也把这一时期称为“新民主主义社会”。

需要注意的是，新民主主义社会虽然是一个过渡性质的社会，却不是一个独立的社会形态，它在本质上标志着我国社会主义革命的开始。在我国新民主主义社会中，社会主义的因素不论在经济上还是政治上都已经居于领导地位，但非社会主义因素仍占很大比重。在新民主主义社会中，存在着五种经济成分，即社会主义性质的国营经济、半社会主义性质的合作社经济、农民和手工业者的个体经济、私人资本主义经济和国家资本主义经济。新民主主义社会的发展前途必然是社会主义。因此，如果没有社会主义经济因素和政治因素的不断积累和壮大，就不可能实现由新民主主义向社会主义的转变。

新中国成立以后，我国积极恢复和发展国民经济，在新民主主义建设过程中取得了巨大成就，为新民主主义社会向社会主义社会转变准备了条件。

第一，马列主义、毛泽东思想在社会政治生活中的指导思想地位的确立，先进的无产阶级政党的领导作用，人民民主专政的国家政权，这三者是向社会主义转变的思想政治保证。新中国成立后，党成为新民主主义事业的领导核心，党领导的工农联盟是新民主主义国家人民民主专政的基础。党较早地进行了思想文化方面的社会主义改造工作，把学习宣传马克思主义、毛泽东思想看作是确立新民主主义及其以后的社会主义意识形态的主导地位的中心环节，确保了马列主义、毛泽东思想在社会政治生活中的指导思想地位进一步得到巩固。毛泽东在总结中国革命的历史经验时指出：“中国自有科学的共产主义以来，人们的眼界是提高了，中国革命也改变了面目。中国的民主革命，没有共产主义去指导是决不能成功的，更不必说革命的后一阶段了。”① 同时，作为一种过渡形式的各级人民代表会议的普遍召开，使人民民主的国家政权获得了日益巩固的群众基础，并为正式实行人民代表大会制度创造了条件。

第二，近代中国资本主义经济及现代工业的初步发展，是中国向社会主义转变的物质基础；社会主义国营经济逐步壮大并掌握国家经济命脉是转变到社会主义的经济条件。新中国成立前后，通过对新民主主义三大经济纲领的实施，新民主主义的经济结构发生了变化。旧中国依附于帝国主义，占全国工业资本总额的三分之二左右、占工业和交通运输业固定资产总额的80%左右的官僚资本，经过民主改革和生产改革，成为具有社会主义性质的、起决定作用的国营资本，壮大了国营经济。与此同时，中国共产党严格执行对资本主义工商业的利用、限制政策，大力扶持有利于国计民生的私营工商业，私人资本主义经济在国营经济领导下，分工合作，各得其所。1951 年，全国私营工业总产值和私营商业零售额比 1950 年分别增加了 39%和 36.6%，民族资本主义经济得到了前所未有的发展。这些都为转变到社会主义创造了经济条件。

第三，第二次世界大战后世界社会主义运动的勃兴，苏联社会主义建设取得的伟大成就及苏联对新中国的热情支援，是影响中国向社会主义转变的有利的国际因素。第二次世界大战以后，一些落后的国家和民族通过艰苦斗争，获得民族独立和解放，陆续走上了社会主义道路。世界社会主义运动的蓬勃兴起，苏联社会主义建设取得的伟大成就及其表现出的社会主义制度的优越性，强烈地吸引着中国人民。新中国成立后，正处在社会主义和资本主义两大阵营的尖锐对立中，以美国为代表的各帝国主义国家纷纷对中国采取敌视政策，政治上不予承认，经济上封锁禁运，军事上进行挑衅，外交上实行恫吓，企图把新生的中国扼杀在摇篮之中。以苏联为首的社会主义国家则对中国革命给予了热情支援。在此情况下，中国必然选择社会主义，也只能选择社会主义。

总之，中国新民主主义革命的胜利和新民主主义社会的建立，客观上为资本主义的发展扫清了道路，也为社会主义的发展创造了条件。随着国民经济的初步恢复，人民民主政权的巩固和发展，社会主义因素很快会超过资本主义因素。这就使得中国新民主主义革命不会长时间地停留在新民主主义时期，而会较快地走向社会主义。新民主主义时期社会主义经济条件与政治条件的积累，是新民主主义向社会主义转变的内在驱动力，它从根本上决定了中国新民主主义革命向社会主义转变的历史必然性，而外在的国际因素是促使中国从新民主主义社会迅速转变为社会主义社会的重要条件。

二、从新民主主义向社会主义过渡的总路线

1953 年 6 月，毛泽东在中央政治局会议上正式提出了过渡时期的总路线和总任务，同年 12 月形成关于总路线的完整的表述：“从中华人民共和国成立，到社会主义改造基本完成，这是一个过渡时期。党在这个过渡时期的总路线和总任务，是要在一个相当长的时期内，逐步实现国家的社会主义工业化，并逐步实现国家对农业、对手工业和对资本主义工

① 毛泽东．毛泽东选集：第 2 卷．2 版．北京：人民出版社，1991：686.

商业的社会主义改造。"①

这条总路线的主要内容被概括为"一化三改"。"一化"即社会主义工业化，这是党在过渡时期的总路线的主体，是国家独立和富强的必然要求和必要条件。"三改"即对个体农业、手工业和资本主义工商业的社会主义改造。它们之间相互联系，不可分离，相互促进，相辅相成。

党在过渡时期总路线的提出，有其历史的必然性。其一，实现国家工业化，是国家独立和富强的物质基础和必要条件。其二，对资本主义工商业进行全面的社会主义改造，是迅速实现国家工业化和建立社会主义制度的迫切需要。其三，对个体农业和手工业进行社会主义改造，是发展农业和提高整个社会生产力的客观需要。

党提出过渡时期的总路线，充分考虑了其实现的可能性。

第一，我国已经有了相对强大和迅速发展的社会主义国营经济。这为党提出向社会主义过渡的总路线提供了物质基础。

第二，土地改革完成后，为发展生产、抵御自然灾害，广大农民具有走互助合作道路的要求。这就为党提出向社会主义过渡的总路线提供了重要依据。

第三，新中国成立初期，党和国家在合理调整工商业的过程中，出现了加工订货、经销代销、统购包销、公私合营等一系列从低级到高级的国家资本主义形式。国家在利用和限制资本主义工商业的过程中所积累的经验，成为对资本主义经济进行社会主义改造的最初步骤。这也成为党提出向社会主义过渡的总路线的又一个重要因素。

第四，当时的国际形势也有利于中国向社会主义过渡。苏联社会主义的发展已经显示出对于资本主义的优越性，对我国有重要的借鉴作用，为实行过渡时期总路线提供了有利的国际环境。

三、社会主义改造的基本内容

1. 农业、手工业的社会主义改造

以毛泽东为主要代表的中国共产党人根据马克思列宁主义关于农业社会主义改造的基本原理，从我国农村实际出发，制定并实行了一整套适合中国特点的对农业进行社会主义改造的方针、政策和办法，开辟了一条适合我国情况的农业社会主义改造道路。

第一，积极引导农民组织起来，走互助合作道路。土地改革完成后，我国广大农民农业生产积极性大大提高。这种积极性表现在两个方面：一是个体经济的积极性；二是互助合作的积极性。党中央正确分析了农民在这两方面的积极性，提出一方面不能挫伤个体经济的积极性，另一方面要提倡组织起来，发展互助合作的积极性。

第二，遵循自愿互利、典型示范和国家帮助的原则，以互助合作的优越性吸引农民走互助合作道路。农民既是私有者又是劳动者，对他们不能采取剥夺的办法，只能引导、说服和教育，使其自愿地走合作化的道路。

第三，正确分析农村的阶级和阶层状况，制定正确的阶级政策。土地改革后，贫农、雇农由于分得了土地等生产资料，有半数人迅速上升为中农。根据中农在生产中的地位、

① 毛泽东．毛泽东文集：第6卷．北京：人民出版社，1999：316.

生活状况和对社会主义的态度，毛泽东把中农分为上中农和下中农。党制定并贯彻执行了依靠贫农、下中农，团结其他中农，由限制到逐步消灭富农剥削的农村阶级政策。这使农业合作化进程有了坚实的阶级基础和群众基础。

第四，坚持积极领导、稳步前进的方针，采取循序渐进的步骤。在进行农业社会主义改造的过程中，各级领导机关主动加强领导，采取逐步过渡的办法，使农民容易接受。农业社会主义改造大体上经历了互助组、初级社和高级社三个发展阶段。

在对农业进行社会主义改造的同时，也对个体手工业实行了社会主义改造。对个体手工业的社会主义改造，采取了类似改造农业的逐步过渡的方法。

对手工业的社会主义改造，党和政府采取了积极领导、稳步前进的方针。在方法、步骤上，从供销合作入手，逐步发展到走生产合作的道路。

2. 资本主义工商业的社会主义改造

在推进农业合作化运动的同时，党和政府也有计划、有步骤地开展了对资本主义工商业的社会主义改造，创造性地开辟了一条适合中国情况的对资本主义工商业进行社会主义改造的道路。

第一，用和平赎买的方法改造资本主义工商业。无产阶级掌握国家政权后，剥夺过去的“剥夺者”，使被资本家占有的生产资料变成人民的财产，这是社会主义革命的一条基本原则。根据马克思、恩格斯和列宁的设想，结合中国的具体情况，中国共产党提出了对资本主义工商业实行和平赎买的方针。所谓赎买，就是国家有偿地将私营企业改变为国营企业，将资本主义私有制改变为社会主义公有制。赎买的具体方式不是由国家支付一笔巨额补偿资金，而是让资本家在一定年限内从企业经营所得中获取一部分利润。

我国之所以能够采取赎买的方式对资本主义工商业进行和平改造，是因为：首先，民族资产阶级具有两面性。在社会主义革命阶段，民族资产阶级既有剥削工人取得利润的一面，又有拥护宪法、愿意接受社会主义改造的一面。其次，中国共产党与民族资产阶级长期保持着统一战线的关系，这就为将工人阶级和民族资产阶级之间的对抗性的矛盾转化为非对抗性的矛盾并按照人民内部矛盾来处理提供了前提。最后，我国已经有了以工人阶级为领导、以工农联盟为基础的人民民主专政的国家政权，建立了强大的社会主义国营经济并掌握了国家的经济命脉，这就造成了私人资本主义在政治上、经济上对社会主义的依赖。再加上当时国家对粮食和工业原料的统购统销，以及资本主义企业中工人群众对资本家的监督等因素，就使私人资本主义企业只能接受社会主义改造。

第二，采取从低级到高级的国家资本主义的过渡形式。所谓国家资本主义，就是在社会主义国家直接控制和支配下的资本主义经济。这种资本主义经济已经不是普通的资本主义经济，而是一种特殊的资本主义经济，即新式的国家资本主义经济。它主要不是为了资本家的利润而存在，而是为了供应人民和国家的需要而存在。国家资本主义有初级形式和高级形式之分。初级形式的国家资本主义是国家对私营工商业实行委托加工、计划订货、统购包销、经销代销等，高级形式的国家资本主义是个别企业的公私合营和全行业公私合营。

对资本主义工商业的社会主义改造经历了三个步骤：第一步主要实行初级形式的国家资本主义，第二步主要实行个别企业的公私合营，第三步是实行全行业的公私合营。

第三，把资本主义工商业者改造成为自食其力的社会主义劳动者。在资本主义工商业的社会主义改造中，国家对资方在职人员和资方代理人采取“包下来”的政策，以企业为基地，根据“量才使用，适当照顾”的原则，对他们在政治上适当安排、工作上发挥作用、生活上妥善照顾，通过改造阶级成分的方式达到从整体上消灭资产阶级的目的。

四、对社会主义改造的总体评价

1. 实施社会主义改造的必然性

新民主主义社会作为一个不同于资本主义社会和社会主义社会的特殊社会形态，有其自身的特点。我国的新民主主义社会在经济、政治、文化等方面具有如下特点：

经济上，实行在国营经济领导下的合作社经济、个体经济、私人资本主义经济和国家资本主义经济五种经济成分并存的经济制度。国营经济主要是通过没收官僚资本建立起来的、以全民所有制为基础的社会主义性质的经济，代表着新民主主义经济发展的方向，也是新民主主义政权的主要物质基础，是整个国民经济的领导力量。合作社经济是以私有制为基础的劳动人民群众的集体经济，它可以提高生产力，帮助小生产者养成互助劳动、集体生产的习惯和思想。个体经济是指分散的个体农业和个体手工业经济，是一种落后的但新民主主义社会必须保存的经济。一方面，个体经济可以接受各种形式的合作社；另一方面，随时可能自发地产生资本主义和资产阶级。私人资本主义经济是以资本家生产资料私人所有制为基础、以追求利润为目的的私营经济。国家资本主义经济是一种国家经济同私人资本合作的具有社会主义性质的经济成分。

政治上，实行工人阶级领导的各革命阶级联合专政的人民民主专政。它的基本成分包括无产阶级、农民、知识分子和其他小资产阶级，同时也包括民族资产阶级和其他一切反帝反封建的人们。工人阶级掌握领导权和人民民主专政的国家政权，是新民主主义社会在政治方面的社会主义因素，也是新民主主义社会向社会主义转变的根本政治保证。

文化上，实行马克思主义指导下的新民主主义的文化，即民族的、科学的、大众的文化。社会的主要矛盾表现为两大矛盾：国内是无产阶级与资产阶级的矛盾，国外是中国同帝国主义国家之间的矛盾。毛泽东始终认为，新民主主义社会是在半殖民地半封建社会基础上建立起来的，从新民主主义的经济构成和政治构成来看，由于我国经济文化落后的国情而呈现出多层次性，各种经济成分和政治力量之间既有合作，也有矛盾和斗争。特别是在解决了土地问题以后，国内无产阶级与资产阶级的矛盾、社会主义国营经济和资本主义私营经济之间的矛盾将上升为主要矛盾。这种矛盾和斗争将贯穿于新民主主义社会的始终，将决定着新民主主义社会将来的发展前途，影响着党和政府对待民族资产阶级的基本政策。这是新民主主义社会基本特征的集中表现。

事实表明，中国新民主主义革命的全部结果，一方面是资本主义因素的发展，另一方面是社会主义因素的发展。在新民主主义社会中，既有社会主义因素，又有非社会主义因素，它们彼此斗争着。但社会主义因素在经济、政治上都处于主导地位，是起决定性作用的因素，这就决定了社会主义因素将不断增长并获得最后胜利。因此，新民主主义社会不可能是独立形态的社会，而是属于社会主义体系并逐步过渡到社会主义社会的过渡性质的社会，是近代中国由半殖民地半封建社会走向社会主义社会的中介与桥梁。由新民主主义社会向社会主义社会过渡，进行社会主义改造，是社会发展进步的客观要求。

2. 社会主义改造的经验和教训

（1）在进行社会主义改造、向社会主义过渡的进程中，中国共产党积累了丰富的历史经验。

第一，坚持社会主义工业化建设与社会主义改造同时并举，这是党在过渡时期总路线的明确要求。实践证明，党坚持社会主义改造与社会主义工业化同时并举的方针，对于在深刻的社会变革中保持社会稳定，促进生产力发展，逐步改善人民生活，推动社会进步，都具有十分重要的意义。

第二，采取积极引导、逐步过渡的方式。我国对农业、手工业和资本主义工商业的改造都采取了区别对象、用不同的办法积极引导、逐步过渡的方式。

第三，用和平方法进行改造。在社会主义改造之前，无论是资本主义工商业，还是农民和手工业者的个体所有制，都具有私有制的性质。毛泽东说："我们进行社会主义革命所用的方法是和平的方法。……在我国的条件下，用和平的方法，即用说服教育的方法，不但可以改变个体的所有制为社会主义的集体所有制，而且可以改变资本主义所有制为社会主义所有制。"[①] 坚持用和平的办法，保证了我国社会主义改造的顺利进行。

（2）尽管我国的社会主义改造取得了极大的成功，但对这一过程中所出现的缺点和偏差我们也不能忽略，应当从中总结经验，吸取教训。

第一，农业合作化以及对手工业和个体商业改造中的缺点和偏差。

任何事物在它的成长发展过程中，都不可能尽善尽美、不留下某些历史的遗憾。20世纪50年代中期进行的社会主义改造，同样有其难以摆脱的历史局限。1981年6月通过的《关于建国以来党的若干历史问题的决议》（以下简称《决议》）对此的论述是：在1955年夏季以后，农业合作化以及对手工业和个体商业的改造要求过急，工作过粗，改变过快，形式也过于简单划一，以致在长期内遗留了一些问题。1956年资本主义工商业改造基本完成后，对一部分原工商业者的使用和处理也不很适当。《决议》用了四个"过"，总结当年社会主义改造存在的问题，是比较客观的。具体来说，主要表现在以下方面：

所谓"要求过急""改变过快"，是指社会主义改造在1955年下半年后明显地过急过快，不仅广大农村由初级合作社向高级合作社的转变过急过快，而且资本主义工商业实现全行业公私合营的时间也过于短促。结果原来设想用三个五年计划，也就是15年左右时间逐步完成的对农业、手工业和资本主义工商业的社会主义改造，实际上只用了3年多（加上国民经济恢复的3年，也才6年多）的时间就基本完成了，而且几乎主要是在社会主义改造高潮的一年左右时间里完成的。

所谓"工作过粗"，是指在社会主义改造期间，一些行之有效的工作原则、工作方法被搁置一边，出现了"一窝蜂"的局面。在社会主义改造初期的几年里，还是基本上按照自愿的原则，按照生产力发展的要求和个体农民、手工业者、资本主义工商业者的接受程度，循序渐进地由低级形式逐渐向高级形式发展。但到了高潮期间，原来提倡的相对细致的自愿互利、典型示范等工作原则和工作方法，被简单的行政命令所取代，急风暴雨式的政治性压力扑面而来。结果，不顾主客观条件是否具备，到处都"一窝蜂"式地盲目升级，盲目合并，一合了之，一并了之，工作简单粗糙。

---

① 毛泽东．毛泽东文集：第7卷．北京：人民出版社，1999：1-2.

所谓“简单划一”，是指社会主义改造在模式选择上存在的问题。在农村，几乎是清一色的高级农业合作社；在城市，又几乎是清一色的全行业的公私合营。除此之外，几乎没有别的形式了。个体经济和私营经济几乎不存在了。随着清一色的社会主义公有制的出现，高度集中的计划经济体制也迅速扩展到了整个社会经济生活，并将它固定化、绝对化，实际上排斥了商品经济和市场机制的正常运行，对今后的经济发展带来长期的负面影响。在所有制结构方面，实行单一的公有制，认为非公有制经济同社会主义不相容；在经济体制方面，认为社会主义经济就是计划经济，商品经济同社会主义经济不相容；在分配结构和方式上，把按劳分配当作唯一的分配方式，而在实践中又把绝对平均主义与社会主义混淆起来，使按劳分配被歪曲为平均主义的“大锅饭”。

第二，在对资本主义工商业的改造中也出现了一些缺点和偏差。

这主要是在后期要求过急，速度过快，工作过粗，把大量的小商小贩、小手工业者和小业主错定为资本家，混淆了劳动者与剥削者的界限；公私合营后，对企业的改组合并过急，使企业产品单调，质量下降，商业网点撤销过多，给人民生活带来不便；对一部分原工商业者的使用和安排也有不当之处，使他们不能发挥所长为社会主义服务。

3. 社会主义改造的启示和意义

我们对社会主义改造出现的偏差和问题，必须用历史的、辩证的观点加以正确的认识，不可一概而论、以偏概全。

（1）社会主义改造出现的偏差和问题，不是社会主义基本制度的问题，也不是在实现社会主义方向、路线和最终目的上的问题，也不是总路线本身所造成的，而是在执行总路线的过程中，由于领导人的认识同正在变化中的实际相脱离而造成的。其后存在的主要问题，正如邓小平所言，是在改造完成后很长时期内没有制定出为发展生产力创造良好条件的政策。

（2）在社会主义改造的高潮中虽然出现了上述缺点和偏差，但是有两条基本的事实必须看到：

第一，这一改造是在保证国民经济基本上稳定发展的情况下完成的。在一个几亿人口的大国，完成了改变私有制这样一个深刻而复杂的社会变革，其间不仅没有造成生产力的破坏，反而实现了国民经济的稳定发展，这不能不说是一个奇迹。

第二，这一改造是在得到人民群众基本普遍拥护的情况下完成的。这一社会经济利益格局与关系的大调整、大改变不仅没有引起巨大的社会动荡，反而极大地加强了人民的团结，是在人民普遍拥护的情况下完成的，这不能不说是一个伟大的历史性的胜利。

所以从总体上讲，我国对农业、手工业和资本主义工商业的社会主义改造是成功的。

资料小链接

一、组织学生观看大型文献纪录片《复兴之路》，然后进行讨论

1840 年 6 月，集结在澳门沿海之外的英国舰船，出发北上，入侵中国。此后两年中，清政府屡战屡败，最终被迫议和。历史学家称这场战争为“鸦片战争”。古老的中国以这样的方式，开始了自己的近代历史。鸦片战争成为中国历史的一块界碑，以割让香港岛、赔款 2 100 万银圆等为重要内容的《南京条约》，记录了中华民族在西方殖民者的枪炮逼迫下堕入近代的屈辱、彷徨和困惑。自此，中国社会一步步沦为半殖民地半封建社会。疯狂的帝国主义扩张没有给清王朝喘息的机会，第一次鸦片战争结束14年后，危机再次从海上来。这一次，侵略者直接逼近了清朝的首都。1860年的10月18日，侵入北京的英法联军焚毁了清朝皇帝的离宫圆明园。法国作家雨果这样记录这一暴行："一天，两个强盗走进了圆明园，两个胜利者一起彻底毁灭了圆明园，在历史面前，这两个强盗分别叫做法兰西和英格兰。"强盗们的大火，在中国人的记忆中烙上了深深的伤痕，也焚毁了清朝士大夫心头虚幻的"上国尊严"。1894年，中日甲午战争爆发，危机依然从海上来。号称亚洲第一的北洋水师未能御敌于海上，这支在洋务运动中装备起来的舰队最终全军覆没。中国陆军更是一败再败。中日甲午战争后，清政府给了日本2.3亿两白银的赔款，相当于中日战争发生前清政府3年的财政收入、日本明治政府4年的财政收入。甲午战争后，中国半殖民地半封建社会的社会性质进一步加深了。当20世纪的大幕拉开时，在甲午战争失败五年后，1900年，列强再次侵入北京。不同的是，这一次是八个国家的铁蹄。各国军队在北京城划区驻扎，要求所驻区域的所有中国人家必须悬挂占领国国旗。一时间，中国的心脏插着的是八个国家的旗帜。人类进入近代以来，还没有哪个国家曾遭受过如此的屈辱。整个中国仿佛都被撕裂了。1901年9月7日，清政府与11国签订《辛丑条约》，赔款4.5亿两白银，相当于当年清政府财政收入的5倍。从1840年鸦片战争至此，清政府的战争赔款总数高达7.245亿两白银，帝国主义列强强迫清政府签订的各种不平等条约、条款等总数达几百个之多。清政府已经完全沦为一个对内不能保护国民尊严、对外不能捍卫国家主权的腐朽没落的政府，中国已经沦为半殖民地半封建社会。孙中山说，清政府可以比作一座即将倒塌的房屋，整个结构已从根本上彻底地腐朽了。20世纪初的中国，一个声音变得越来越响亮，那就是——革命。此时的孙中山已成为一个坚定的革命者。他第一个喊出"振兴中华"的口号，并始终坚持奋斗，成为20世纪初期推动中国发生历史性巨变的主要代表。1905年8月20日，孙中山等人在东京成立中国同盟会，把创立民国列为誓词的重要内容之一。在《民报》的发刊词中，孙中山将同盟会的纲领概括为三民主义——民族主义、民权主义、民生主义。在三民主义这一革命纲领的指导下，孙中山和一批批爱国志士进行了多次武装起义，并最终成功领导了改变中国历史进程的辛亥革命。一个王朝终结了，一个在中国延续了两千多年的封建君主专制制度灭亡了。一个共和制的国家在亚洲诞生了！辛亥革命是一次比较完全意义上的资产阶级民主革命，是中国人民为救亡图存、振兴中华而奋起革命的一个里程碑。它建立了中国历史上第一个资产阶级共和政府，使中国发生了历史性的巨变。然而，辛亥革命是一场不彻底的革命，它只是赶跑了一个皇帝，中国仍旧在帝国主义和封建主义的压迫之下，反帝反封建的革命任务并没有完成。在接下来的岁月中，谁能真正完成反帝反封建的历史使命？谁能让中国人过上有尊严的生活？中华民族的伟大复兴还将经历怎样的艰难曲折，才能找到一条正确的道路呢？

二、案例讨论

案例："进京赶考"①

新中国成立初期，经过战火洗礼的新中国百废待兴，中国共产党如何实现工作重心由农村向城市的转变，如何通过社会主义改造建立起社会主义制度，并在此基础上进一步发

① 历史时刻："我们决不当李自成". 中国教育报，2003-12-10.

展，是中国共产党面临的一次重大的“考试”。

1949 年 3 月，中共中央在西柏坡开完七届二中全会，中国共产党的领袖们满怀建设新中国的宏伟壮志，即将告别最后一个农村指挥所，走向城市，走向建设，走向全中国。

在进京之前，毛泽东立足现实，回顾历史，面向未来，再次想到了李自成。他一再告诫全党：“我们决不当李自成。”熟知中国历史的毛泽东，非常善于把握历史兴衰的规律，以史为镜，以史为鉴。当初，李自成也是率领劳苦大众打天下，曾历经数次失败都不屈不挠，征战 16 载，终于推翻了明王朝。但是李自成及其将领进北京后，居功自傲，贪图安逸，从将军到士兵都乘机中饱私囊，军纪败坏，士气瓦解。一支能征善战的大军，占领北京仅 43 天即被腐化侵蚀，变成了毫无战斗力的乌合之众。当吴三桂勾结的清军一到，堂堂大顺朝顷刻之间便灰飞烟灭了。305 年之后，南征北战打了 20 多年仗才取得胜利的毛泽东要率领他的将士们进北平了，李自成的历史悲剧能不格外引起中国共产党人的高度警惕吗?

进城前，毛泽东把中直机关的工作人员召集到一起，向他们讲：“我们就要进北平了，希望大家一定要做好准备。我说的准备不是收拾盆盆罐罐，而是思想准备。要告诉每一个干部和战士，我们进北平不是去享福，决不可像李自成进北京！我已经讲过了，夺取全国胜利，这只是万里长征走完了第一步，后面的路程更长、工作更伟大、更艰苦……”

为了迎接全国胜利，中共中央宣传部和解放军总政治部印发了郭沫若的警世之作《甲申三百年祭》，毛泽东特别指出：“……郭文指出李自成之败，在于进北京后忽略敌人，不讲政策，脱离群众，妄杀干部，‘纷纷然，昏昏然’，大家都像以为天下就已经太平了的一样。……对我们的重大意义，就是要我们全党首先是高级领导同志，无论遇到何种形势与实际胜利，无论自己如何功在党国，德高望重，必须永远保持清醒与学习态度，万万不可冲昏头脑，忘其所以，重蹈李自成的覆辙。”3 月 23 日，是中共中央告别西柏坡，上路进京的日子。出发前，毛泽东只睡了 4 个来小时，但却精神饱满，情绪高昂，临上车前，和周恩来曾有过一段很幽默而深刻的对话。毛泽东说：“今天是进京的日子，不睡觉也高兴啊。今天是进京‘赶考’嘛。进京‘赶考’去，精神不好怎么行呀?”周恩来笑答道：“我们应当都能考试及格，不要退回来。”毛泽东接着意味深长地说：“退回来就失败了。我们决不当李自成。我们都希望考个好成绩。”在踏上新征程之际，毛、周这番对话所包含的历史内涵重若千钧。这是一代无产阶级革命领袖面对辉煌胜利预作的充分心理准备，也是胜利之师在跨进历史凯旋门时发出的警世箴言！

告别西柏坡，意味着一个战争时代即将结束，一个新时代就要到来。人们满怀喜悦，中共领袖们却理性而客观地审视历史、思虑未来。

案例点评：

通过案例我们可以看到——以毛泽东为首的到北京“赶考”的中国共产党人，进京时既高兴又感觉到肩头的沉重。令他们高兴的是，28 年的艰苦卓绝的斗争，终于迎来了最后的完全胜利；令他们感到沉重的是前面的路依然曲折坎坷，考取一个好的“成绩”殊为不易。因为展现在他们面前的是刚刚从战火中走出来的新中国，她满目疮痍，百废待兴。中国共产党不仅要进行艰苦的战后重建工作，尽快使新中国从战争废墟中站立起来，更重要的是要建立一个崭新的社会主义制度，这不仅是我们党的既定政策，同时也是中国发展之必须。

设问：

革命胜利后，为什么还面临着一个建立社会主义制度的任务？难道我们经过浴血奋战得来的新中国不是一个社会主义国家吗？那她又是一个什么性质的国家呢？

（学生回答后，教师做出总结）

教师总结：

从国家统编教材的第三章“新民主主义革命理论”的学习中我们了解到，毛泽东根据近代中国半殖民地半封建社会这一特殊国情，将中国革命过程形象地比喻为文章的“上篇”和“下篇”，也就是中国革命要分两步走：第一步是进行新民主主义革命，终结半殖民地半封建社会形态，建立一个新民主主义国家（文章的“上篇”）；第二步是进行社会主义革命，实现从新民主主义向社会主义的转变，建立一个社会主义国家（文章的“下篇”）。

文章的“上篇”已经做好，即在新民主主义革命理论的指导下，中国共产党领导中国人民取得了新民主主义革命的伟大胜利，建立了中华人民共和国，我们进入了一个新民主主义的社会。那么，“下篇”如何开始呢？新中国成立后我们进入的新民主主义社会到底是一个什么样的社会，它的性质和特点是什么呢？在此基础上我们又该如何“谋篇布局”呢？

练习题

一、单项选择题

1. 近代中国最基本的国情是：（　　）。

A. 封建社会　　B. 前资本主义社会

C. 半殖民地半封建社会　　D. 后农业社会

2. 在近代中国的各种社会矛盾中，最主要的矛盾是：（　　）。

A. 封建主义和人民大众的矛盾

B. 帝国主义和中华民族的矛盾

C. 资产阶级和无产阶级的矛盾

D. 农民阶级和地主阶级的矛盾

3. 近代中国一切灾难、祸害的总根源和社会发展的主要障碍是：（　　）。

A. 帝国主义　　B. 封建主义

C. 官僚资本主义　　D. 生产力严重落后

4. 对新民主主义革命所处的历史范围，毛泽东曾明确指出：（　　）。

A. 是帝国主义和无产阶级革命的历史范围

B. 是世界社会主义革命的历史范围

C. 是中国社会主义革命的历史范围

D. 不超过资产阶级民主革命的范围

5. 新民主主义革命区别于旧民主主义革命的根本标志是：（　　）。

A. 有了新的革命纲领

B. 有了新的革命前途

C. 有了新的革命领导权

D. 有了新的革命任务

6. 毛泽东思想开始形成的基本标志是：（　　）。

A. 提出分清敌友是革命的首要问题

B. 对中国社会各阶级的状况进行了科学分析

C. 提出了党指挥枪的基本思想

D. 提出了农村包围城市、武装夺取政权的基本思想

7. 毛泽东思想活的灵魂是：（　　）。

A. 武装斗争、统一战线、党的建设

B. 实事求是、群众路线、独立自主

C. 理论联系实际、密切联系群众、批评与自我批评

D. 反对教条主义和本本主义

8. 毛泽东第一次提出新民主主义革命的科学概念和总路线的基本内容的著作是：（　　）。

A.《新民主主义论》　　B.《中国革命和中国共产党》

C.《论人民民主专政》　　D.《论联合政府》

9. 新旧民主主义革命的分水岭是：（　　）。

A. 辛亥革命　　B. 新文化运动

C. 五四运动　　D. 中国共产党成立

10. 贯彻中国民主革命的基本问题是：（　　）。

A. 武装斗争问题　　B. 分清敌友问题

C. 党的领导问题　　D. 农民问题

11. 毛泽东首次提出“须知政权是由枪杆子中取得的”这一判断是在：（　　）。

A. 1927 年中共“八七”会议

B. 1928 年毛泽东的《中国的红色政权为什么能够存在?》

C. 1930 年毛泽东的《星星之火，可以燎原》

D. 1935 年遵义会议

12. 延安时期，毛泽东写下了著名的《矛盾论》《实践论》，主要是为了克服党内当时严重的：（　　）。

A. 经验主义　　B. 教条主义

C. 冒险主义　　D. 唯心主义

13. 我国社会主义革命开始的标志是：（　　）。

A. 1949 年 10 月 1 日新中国的成立

B. 1952 年土地改革运动的完成

C. 1956 年社会主义改造基本完成

D. 1958 年人民公社完成我国农村土地集体化

14. 新民主主义社会的性质是：（　　）。

A. 一个独立的社会形态　　B. 过渡性的社会形态

C. 资本主义社会形态　　D. 混合经济的社会形态

15. 社会主义改造基本完成后，国内的主要矛盾是：（　　）。

A. 无产阶级和资产阶级的矛盾

B. 农民阶级和地主阶级的矛盾
C. 工农大众和知识分子的矛盾
D. 先进的社会制度与落后的社会生产力之间的矛盾

16. 我国社会主义改造的实质是：（　　）。
A. 实行农业合作化　　B. 建立国营经济
C. 改变生产资料的私有制　　D. 建立公私合营的混合经济

17. 我国对资本主义工商业改造的主要做法是：（　　）。
A. 没收官僚资本　　B. 和平赎买
C. 公私合营　　D. 国家控制私营经济

18. 正确评价社会主义改造的历史功过，主要应当用：（　　）。
A. 历史的眼光　　B. 今天的眼光
C. 历史与现实相结合的眼光　　D. 放眼未来的眼光

二、多项选择题

1. 新民主主义革命之所以是“新”的，是因为：（　　）。
A. 它有新的革命前途
B. 它有新的革命领导力量
C. 它有新的革命依靠力量，即主要依靠工农阶级
D. 它有了新的革命对象

2. 近代中国的主要矛盾是：（　　）。
A. 无产阶级和资产阶级的矛盾　　B. 农民阶级和地主阶级的矛盾
C. 中华民族和帝国主义的矛盾　　D. 人民大众和封建主义的矛盾

3. 新民主主义革命的革命对象主要是：（　　）。
A. 帝国主义　　B. 封建地主阶级
C. 官僚资产阶级　　D. 一切剥削阶级

4. 新民主主义革命的经济纲领是：（　　）。
A. 没收封建地主阶级的土地归农民所有
B. 没收官僚资产阶级的垄断资本归新民主主义的国家所有
C. 没收外国资产为新民主主义的国家所有
D. 保护民族工商业

5. 中国共产党在中国革命中战胜敌人的主要法宝是：（　　）。
A. 统一战线　　B. 武装斗争
C. 党的领导　　D. 根据地建设

6. 新中国的成立标志着：（　　）。
A. 我国新民主主义革命阶段的基本结束
B. 社会主义革命阶段的开始
C. 过渡时期社会形态的开始
D. 社会主义改造的开始

7. 我国实施的对农业、手工业的社会主义改造，其基本政策是：（　　）。
A. 积极引导农民组织起来，走互助合作道路

B. 遵循自愿互利、典型示范和国家帮助的原则

C. 正确分析农村的阶级和阶层状况，制定正确的阶级政策

D. 坚持积极领导、稳步前进的方针，采取循序渐进的步骤

8. 我国实施的对资本主义工商业的社会主义改造，其基本政策是：（ ）。

A. 用和平赎买的方法改造资本主义工商业

B. 采取从低级到高级的国家资本主义的过渡形式

C. 把资本主义工商业者改造成为自食其力的社会主义劳动者

D. 采用公私合营的方式改造私营企业

9. 我国社会主义改造的基本经验是：（ ）。

A. 坚持社会主义工业化建设与社会主义改造同时并举

B. 采取积极引导、逐步过渡的方式

C. 以社会主义革命推动社会主义建设

D. 用和平方法进行改造

10. 如何正确评价毛泽东和毛泽东思想，关系到：（ ）。

A. 怎样看待党和国家过去几十年奋斗的历史

B. 毛泽东思想的历史地位

C. 党的团结、国家的安定

D. 党和国家未来的发展前途

第三专题
中国特色社会主义的兴起

第一节
中国特色社会主义的发端

学习目标

把握对中国社会主义道路的理论探讨是“始于毛、成于邓”的基本含义，了解以毛泽东为核心的党的第一代中央领导集体对走出一条中国自己的社会主义建设道路的艰辛探索。

学习内容提要

重点学习新中国成立后我们党继续推进马克思主义中国化的基本历史，初步了解“中国特色社会主义”的起源。

学习步骤

1. 请同学们先阅读本节的【学习内容详解】，然后听教师讲解。

2. 请在步骤1的基础上，以对中国社会主义道路的理论探讨是“始于毛、成于邓”为基本内容写一篇800字左右的小论文，并与老师、同学共同讨论。

学习内容详解

一、中国特色社会主义的基本含义

建设中国特色社会主义是由中国改革开放的总设计师邓小平提出的。自邓小平在中共十二大开幕词中提出“走自己的道路，建设有中国特色的社会主义”以来，中共十三大、

十四大、十五大、十六大、十七大、十八大、十九大都始终强调高举中国特色社会主义伟大旗帜。

虽然建设中国特色社会主义作为一个明确的概念是在1982年党的十二大正式提出的，但作为一项伟大的事业，它的发端则是从新中国成立时就开始了。以毛泽东为核心的党的第一代中央领导集体，一直试图走出一条具有中国特点的社会主义建设道路来。为此，我们进行了艰辛的探索。譬如，我们在世界社会主义的历史上，前无古人地使用“和平赎买”的方法对资本主义工商业进行社会主义改造，就是既坚持社会主义方向，又完全立足于中国的国情和实际，而作出的具有中国特色的重大决策。尽管在后来的实践中我们也由于“左”的思想的干扰，走过一段弯路，但其间，无论是成功的经验还是挫折的教训，都成为我们后来正式提出建设中国特色社会主义的宝贵的历史遗产。所以说，对中国建设社会主义道路的理论探讨是“始于毛、成于邓”，即开始于以毛泽东为代表的中国共产党人，形成、成熟于以邓小平为代表的中国共产党人。

中国特色社会主义，就是在中国共产党领导下，立足基本国情，以经济建设为中心，坚持四项基本原则，坚持改革开放，解放和发展社会生产力，巩固和完善社会主义制度，建设社会主义市场经济、社会主义民主政治、社会主义先进文化、社会主义和谐社会，建设富强民主文明和谐的社会主义现代化国家。中国特色社会主义是中国共产党对现阶段纲领的概括。其科学含义是要求把马克思主义的普遍真理同本国的具体实际结合起来，走适合中国特点的道路，逐步实现工业、农业、国防和科学技术现代化，把中国建设成为富强、民主、文明、和谐的社会主义国家，即一方面要坚持马克思主义的基本原理，走社会主义道路；另一方面必须从中国的实际出发，不照抄、照搬别国经验、模式，而是走具有中国特色的路。

经过90多年的奋斗、创造和积累，党和人民经过长期的奋斗和不懈的努力取得的最大成就就是开辟了中国特色社会主义道路，形成了中国特色社会主义理论体系，确立了中国特色社会主义制度。

中国特色社会主义道路，是实现社会主义现代化的必由之路，是创造人民美好生活的必由之路。中国特色社会主义道路之所以完全正确、之所以能够引领中国发展进步，关键在于我们既坚持了科学社会主义的基本原则，又根据我国实际和时代特征赋予其鲜明的中国特色。在当代中国，坚持中国特色社会主义道路，就是真正坚持社会主义。

中国特色社会主义理论体系，是指导党和人民沿着中国特色社会主义道路实现中华民族伟大复兴的正确理论。我们党坚持把马克思主义基本原理同中国具体实际结合起来，在推进马克思主义中国化的历史进程中产生了两大理论成果。一大理论成果是毛泽东思想。毛泽东思想是马克思列宁主义在中国的运用和发展，系统回答了在一个半殖民地半封建的东方大国如何实现新民主主义革命和社会主义革命的问题，并对“建设什么样的社会主义、怎样建设社会主义”进行了艰辛探索，以创造性的内容为马克思主义宝库增添了新的财富。另一大理论成果是中国特色社会主义理论体系。中国特色社会主义理论体系是包括邓小平理论、“三个代表”重要思想、科学发展观和习近平新时代中国特色社会主义思想等重大战略思想在内的科学理论体系，系统回答了在中国这样一个十几亿人口的发展中大国“建设什么样的社会主义、怎样建设社会主义”“建设什么样的党、怎样建设党”“实现什么样的发展、怎样发展”“坚持和发展什么样的中国特色社会主义，怎样坚持和发展中国特色社会主义"等一系列重大问题。中国特色社会主义理论体系是对毛泽东思想的继承和发展。

坚持中国特色社会主义道路和中国特色社会主义理论体系，是我们夺取建设中国特色社会主义伟大事业最后胜利的根本保证。2012年11月17日，习近平在十八届中共中央政治局第一次集体学习时指出："中国特色社会主义理论体系，是马克思主义中国化最新成果，包括邓小平理论、'三个代表'重要思想、科学发展观，同马克思列宁主义、毛泽东思想是坚持、发展和继承、创新的关系。马克思列宁主义、毛泽东思想一定不能丢，丢了就丧失根本。同时，我们一定要以我国改革开放和现代化建设的实际问题、以我们正在做的事情为中心，着眼于马克思主义理论的运用，着眼于对实际问题的理论思考，着眼于新的实践和新的发展。在当代中国，坚持中国特色社会主义理论体系，就是真正坚持马克思主义。"①

中国特色社会主义制度是当代中国发展进步的根本制度保障，集中体现了中国特色社会主义的特点和优势。中国特色社会主义制度是在经济、政治、文化、社会等各个领域形成的一整套相互衔接、相互联系的制度体系。这个制度体系包括：人民代表大会制度这一根本政治制度；中国共产党领导的多党合作和政治协商制度、民族区域自治制度以及基层群众自治制度等构成的基本政治制度；中国特色社会主义法律体系；公有制为主体、多种所有制经济共同发展的基本经济制度；以及建立在根本政治制度、基本政治制度、基本经济制度上的经济体制、政治体制、文化体制、社会体制等各项具体制度。中国特色社会主义制度的优越性在于，这一制度体系符合我国国情，顺应时代潮流，有利于保持党和国家的活力，调动广大人民群众和社会各方面的积极性、主动性、创造性，有利于解放和发展社会生产力、推动经济社会全面发展，有利于维护和促进社会公平正义、实现全体人民共同富裕，有利于集中力量办大事、有效应对前进道路上的各种风险挑战，有利于维护民族团结、社会稳定、国家统一。

二、新中国60年的历史分期

1. 从新民主主义向社会主义的过渡时期

新民主主义社会不可能是独立形态的社会，而是属于社会主义体系并逐步过渡到社会主义社会的过渡性质的社会，是近代中国由半殖民地半封建社会走向社会主义社会的中介与桥梁。20世纪50年代，毛泽东对什么是社会主义已经有了进一步的思考。这种思考是伴随着他对苏联社会主义的进一步认识和对中国应该怎样建设社会主义以及建设一个什么样的社会主义等问题的思考而展开的。

（1）在社会主义社会的生产力问题上，毛泽东的创造性思想主要包括下列几个方面：

首先，毛泽东从社会主义的目的和任务的角度，提出了搞上层建筑、生产关系的目的就是解放生产力、提高生产力。为什么要搞社会主义？毛泽东回答：是为了解放生产力。毛泽东"搞上层建筑、搞生产关系的目的就是解放生产力、提高生产力"这个观点包含这样一些思想：第一，社会主义要不断地变革，要不断地调整上层建筑和生产关系。这个思

① 习近平．紧紧围绕坚持和发展中国特色社会主义，深入学习宣传贯彻党的十八大精神．人民日报，2012-11-19.

想，毛泽东在关于社会主义社会的两类矛盾学说中已经有非常充分的说明。第二，社会主义调整上层建筑和生产关系的目的，不在于它自身，而在于解放生产力。第三，调整上层建筑和生产关系的最终目的是发展生产力。概括起来，这个观点就是说：社会主义就是解放生产力，发展生产力。

其次，毛泽东提出了在社会主义阶段解放生产力、发展生产力要达到的目标——实现“四个现代化”。在中国进入社会主义社会时，毛泽东已经认识到中国进入社会主义的历史起点很低，生产力落后，“四个现代化”就是根据中国的实践情况确定的。毛泽东在民主革命时期提出的工业化的基础上，于 20 世纪 50 年代中期在党内率先提出了实现“四个现代化”的目标。1964 年 2 月，周恩来根据毛泽东的提议，在第三届全国人民代表大会上正式宣布：要在不太长的历史时期内，把我国建设成为一个具有现代农业、现代工业、现代国防和现代科学技术的社会主义强国，赶上和超过世界先进水平。

最后，毛泽东提出，不搞科学技术，生产力无法提高。中国生产力的落后尤其突出地表现为科学技术的落后。落后就要挨打，这是毛泽东的名言。在《读苏联〈政治经济学教科书〉的谈话》中，他说，资本主义各国，苏联，都是靠采用最先进的技术，来赶上最先进的国家，我国也要这样。他强调，不搞科学技术，生产力无法提高。科学技术这一仗，一定要打，而且必须打好。可见，毛泽东非常重视科学技术在发展生产力中的地位和作用。综合起来说，在发展社会主义社会生产力问题上，毛泽东的思路是：通过革命或变革生产关系以及采用最先进的科学技术，达到解放生产力、发展生产力的目的，实现“四个现代化”，赶上最先进的国家。

（2）在社会主义的生产关系问题上，毛泽东同样有诸多创造性的思想或观点。

首先，毛泽东提出了“可以消灭了资本主义，又搞资本主义”的思想。1956 年底，他在同民建和工商联负责人谈话时提出社会主义的所有制结构可以是多元的。毛泽东主张，在消灭生产资料私有制这个剥削制度的基础上，在社会需要的情况下，是可以搞一点资本主义的。这表明，在我国刚刚进入社会主义时，毛泽东在社会主义所有制问题的认识上，还是比较合乎实际的。

其次，毛泽东明确提出了消除两极分化、实现共同富裕的目标。还在中国进入社会主义之前，毛泽东就说：我们的目标是要使我国成为富强的国家，“而这个富，是共同的富，这个强，是共同的强，大家都有份”①。加入共同富裕群体的，包括工人和农民这两个最主要的阶级，以及知识分子和其他劳动人民，还包括经过改造以后转变成为劳动人民的原来的剥削者。毛泽东明确地说：地主阶级经过改造以后，就变成了农民，他们“以后要同大家一起共同富裕起来。将来农民的生活要超过现在的富农。资本家如果将来饿肚子，这个制度就不好。如果大家生活不提高，革命就没有必要”②。毛泽东特别注重分配公平。他主张按劳分配，不搞平均主义，但也不能差距悬殊。

最后，在经济体制问题上，在刚刚进入社会主义时，毛泽东认为自由市场的存在是必要的。1956 年，毛泽东说：“现在我国的自由市场，基本性质仍是资本主义的，虽然已经没有资本家。它与国家市场成双成对。”③ 在这里，毛泽东显然在观念上是把市场和计划对

---

① 毛泽东．毛泽东文集：第 6 卷．北京：人民出版社，1999：495.

② 同①：490.

③ 毛泽东．毛泽东文集：第 7 卷．北京：人民出版社，1999：170.

立起来的，这当然是不恰当的。但他认同自由市场同国家控制的计划市场同时存在，则是正确的。同时，毛泽东还提出中央和地方要适当分权。在《论十大关系》中，毛泽东对这些观点作了比较深入的分析。1956 年 9 月，陈云在党的八大上提出了与苏联模式有所不同的“三个主体和三个补充”的观点：在工商业生产经营方面，国家经营和集体经营为主体，附有一定数量的个体经营作为补充；在生产的计划性方面，计划生产是工农业生产的主体，按照市场变化而在国家计划许可范围内的自由生产作为补充；在社会主义的统一市场里，国家市场是主体，附有一定范围内国家领导的自由市场作为补充。这个观点是在毛泽东《论十大关系》的启发下提出来的，与毛泽东“突破苏联模式，走自己的路”的思想是一致的。

(3) 在什么是社会主义的问题上，毛泽东最富创造性的思想莫过于社会主义社会的矛盾学说，尤其是著名的正确处理人民内部矛盾的理论。毛泽东提出了社会主义社会的矛盾学说和系统的正确处理人民内部矛盾的理论。毛泽东认为，社会主义社会的基本矛盾仍然是生产力与生产关系、经济基础与上层建筑之间的矛盾，只是它们的性质、状态、表现形式、解决的方法都同资本主义社会不同。人民内部矛盾及其正确处理，是当时毛泽东关注的重点。毛泽东指出：我国存在着两类矛盾——敌我矛盾和人民内部矛盾，这两类矛盾不能混淆。他批评斯大林把两种矛盾混淆起来了。所谓人民内部矛盾，就是人民在根本利益一致基础上的矛盾。解决人民内部矛盾问题的方法，不是采用大民主而是采用小民主，即团结—批评—团结的方法。他明确指出，社会主义改造基本完成后，我国国内的大规模的急风暴雨似的群众性的阶级斗争已经基本结束。这就是说，今后国家政治生活的主题就是正确处理人民内部矛盾。关于社会主义社会的矛盾学说和正确处理人民内部矛盾的理论，是毛泽东在什么是社会主义这个问题上的最大的理论贡献。

从毛泽东的这些思想和观点来看，毛泽东对什么是社会主义虽然并未从本质的角度来考察，但不可否认的是，他的认识还是比较全面的，而且也抓住了社会主义本质问题的一些重要方面。这为后来人们尤其是以邓小平为核心的第二代领导集体深入认识社会主义的本质、从整体上揭示社会主义本质，奠定了良好的思想和理论基础，成为邓小平探索社会主义本质的直接理论源头。

2. 社会主义探索遭遇严重挫折时期

20 世纪 50 年代末期，毛泽东在探索什么是社会主义这个问题上，逐渐偏离了原来的正确轨道，形成了一些带有主观色彩的观点。这主要是：在社会主义的生产资料所有制及其经营形式问题上，追求公有制的大、公、纯；在按劳分配方面，逐步趋向平均主义；在经济体制和运行模式方面，赞赏以指令性计划为主的高度中央集权的体制；在国家的政治生活中和意识形态领域，强调阶级斗争的中心地位。

首先，在所有制问题上，认为大、公、纯的公有制就是社会主义。因而，一方面，不但不允许少许资本主义经济存在，还力图消灭个体经济。这在“文化大革命”中尤为突出。另一方面，不满足于两种所有制的长期并存，追求小集体向大集体的过渡，追求集体所有制向全民所有制的过渡。这在“大跃进”运动和人民公社化运动中尤为突出。产生这种认识上偏差的主要原因之一，是对社会主义社会与共产主义社会的质的区别比较模糊。中共中央在 1958 年 2 月通过的《关于人民公社若干问题的决议》中简单地认为，社会主义社会和共产主义社会是经济发展程度不同的两个阶段。1959 年底，毛泽东设想，将来全世界实现共产主义以后，人们在劳动生产和分配中的相互关系还会有无穷的变化，但是所有制方面不会有多大变化。其间，党的其他领导人也有类似看法。这表明毛泽东等人在认识什么是社会主义时，虽然把社会主义和共产主义作了区分，但主要是在生产力发展程度方面，对于生产资料的所有制则认为不会有多大差别。显然，这是欠科学的。这样的观点，极易导致人们急于向共产主义靠拢。加之当时认为通过改变生产关系、通过人的主观努力，可以以超常规的速度发展生产力，于是便认为在所有制方面可以尽量地向马克思和恩格斯所设想的社会主义靠拢，以便在不远的将来向共产主义过渡。因此，不允许公有制以外的其他经济成分存在，追求又大又公又纯的公有制，在当时便被认为是顺理成章的事了。“大跃进”运动和人民公社化运动中的急于求成、急于过渡，以及“文化大革命”中“割资本主义尾巴”等，可以说都是这一思路的产物。显然，毛泽东在他的晚年把中国的社会主义所有制与马克思、恩格斯所设想的有比较发达的生产力作基础的社会主义的所有制等同起来了，甚至把它与共产主义社会的所有制混同了。这无疑会导致对社会主义本质问题认识的偏颇。

在与所有制这个问题相联系的分配问题上，则相应地趋向平均主义。虽然毛泽东倡导和发动“大跃进”运动和人民公社化运动，主观愿望是要迅速发展生产力，使全体人民共同富裕起来，但由于生产力的发展需要一个艰难而又较长期的过程，尤其在中国这样的生产力水平低下的情况下，更是需要一个很长的时期，所以“大跃进”运动和人民公社化运动不可能从根本上改变国家贫穷落后的面貌。也就是说，毛泽东要在短时期内使全国人民都共同富裕起来，只能是一种美好的愿望。在这种情况下，上述的片面追求所有制大、公、纯的思路和做法，必然会在实际生活中导致社会产品分配上的趋向平均化。在社会生产力还很低下、社会财富有限、整个国家并不富裕的状况下，这种做法虽然能够防止贫富之间出现差距，但实质上只能是共同贫穷。

与列宁和斯大林一样，毛泽东也把计划经济和社会主义紧密联系在一起。加之20世纪50年代中期的经济体制的调整并不成功，因此60年代初再度回到了比较集中的中央集权的制度轨道上，并且随着当时经济调整的需要，建立起了更为集中的高度集权的计划经济体制。虽然后来毛泽东认为这种高度集中的计划体制不利于调动积极性，不利于经济发展，国家也曾再度对这种高度集中的计划体制做过调整；但由于在理论上没有突破，而且当时条件下也不可能突破计划经济这个框架，因而始终深陷于计划体制而不能自拔。而市场经济由于被视为是资本主义，因而在“文化大革命”中日益受到排斥，并最终被整个社会所封杀。与此相联系的价值规律问题也日益被忽略。社会的发展因此而愈来愈缺乏动力和活力。

同时，由于50年代后期对社会主义社会的阶级斗争的错误观察，毛泽东开始改变他关于社会主义社会阶级斗争的正确观点。并且，错误的观点、理论和错误的实践相互纠缠，恶性循环，最终导致了以阶级斗争为纲的结论。其结果是使社会主义社会的政治生活变得日渐沉闷。

由上述分析可见，在什么是社会主义的问题上，20世纪50年代末期以后，毛泽东虽然在主观上仍然要求突破苏联的模式，但客观上却还是较多地搬用了它。原因是多方面的，有主观的也有客观的。主观上主要是对马列主义个别观点的某种教条化理解和对斯大林基本模式的照搬；思想方法上违背了实事求是的原则，对中国当时的情况没有作深入细

致的研究。而客观上主要是缺乏经验。揭示社会主义本质是需要一个过程的。社会主义的本质是一个逐步发展、逐步展开的过程，人们对它的认识也是一个逐步深入的过程。其中，人们主观上认识问题的方法和经验的积累至关重要。经验的积累则需要一个过程。而对社会主义本质的认识，又是要透过社会主义的现象才能抓住的。

3. 两年“徘徊”

“文化大革命”结束以后，邓小平同志主持党的工作。在中国面临向何处去的重大历史关头，邓小平以马克思主义者的非凡胆略和科学态度，以彻底的辩证唯物主义和历史唯物主义的科学精神，坚决反对和抵制偏离党的实事求是思想路线的各种错误倾向，拨乱反正，号召全党解放思想、实事求是，并特别强调解放思想的重要性。他指出：“两个凡是”（凡是毛主席作出的决策，我们都坚决维护；凡是毛主席的指示，我们都始终不渝地遵循）不符合马列主义、毛泽东思想，“马克思、恩格斯没有说过‘凡是’，列宁、斯大林没有说过‘凡是’，毛泽东同志自己也没有说过‘凡是’。”① 我们观察、处理任何问题都必须从实际出发，一定要以时间、地点、条件为转移。他说：“一个党，一个国家，一个民族，如果一切从本本出发，思想僵化，迷信盛行，那它就不能前进，它的生机就停止了，就要亡党亡国。……只有解放思想，坚持实事求是，一切从实际出发，理论联系实际，我们的社会主义现代化建设才能顺利进行，我们党的马列主义、毛泽东思想的理论也才能顺利发展。”② “实事求是，一切从实际出发，理论联系实际，坚持实践是检验真理的标准，这就是我们党的思想路线。”③ 邓小平的这些论述对于重新确立党的思想路线、统一全党和全国人民的思想起到了不可估量的作用。

1978 年，邓小平坚决支持和推动关于真理标准的大讨论，重树了实践的权威。当实践是检验真理唯一标准的主张在当时受到党的主要负责人谴责时，邓小平旗帜鲜明地支持了这一主张。在这年年底召开的中央工作会议闭幕会上，邓小平作了题为《解放思想，实事求是，团结一致向前看》的重要讲话。在这篇具有宣言书意义的讲话中，“解放思想”四个大字首次出现在“实事求是”的前面。在这里，摆在首位的“解放思想”，不仅仅是为了把思想活跃一下，更重要的是要打破思想僵化，为进一步开创改革开放的新局面提供思想条件。

4. 改革开放新时期

以 1978 年 12 月 18 日召开的党的第十一届三中全会为标志，中国进入了改革开放的新时期。中国走上改革开放的道路，是历史的必然选择。“文化大革命”结束后，特别是十一届三中全会的召开，使我们能够用实事求是的眼光去观察世界。此时，我们不得不承认，我们与当时世界现代化的水平相比，差距进一步扩大了。1978 年，中国的人均 GDP 低于印度，是日本的 1/20、美国的 1/30，科技发展水平落后于发达国家 40 年左右，落后于韩国、巴西等发展中国家 20 年左右。我们周边的国家，如马来西亚、新加坡，以及我国的台湾、香港地区等，都在 20 世纪 60—70 年代凭借第 3 次科技革命的浪潮实现了经济腾飞。这给我国带来了巨大的经济压力，甚至是政治压力。邓小平同志就尖锐地指出：

① 邓小平．邓小平文选：第 2 卷．2 版．北京：人民出版社，1994：39.
② 同①：143.
③ 同①：278.

“过去我们比上不足、比下有余，现在比下也有问题了。”①

与此同时，从 20 世纪 70 年代起，世界政治局势有较大缓和，大多数国家和地区都把发展经济作为主要任务，寻求和平与发展成为新的时代主题。这也从客观上为我国实行改革开放提供了条件。正是时代发展的大势使然，同时也是国内诸多问题和国际发展压力形成的结果，内外两个背景使我国走上了改革开放的强国之路。

从 1978 年安徽凤阳小岗村 18 户农民率先实行联产承包责任制拉开中国农村改革的序幕，到 1980 年代城市经济体制改革的开启；从生产资料的单一公有制到公有制为主体、多种所有制经济共同发展；从高度集中的计划经济到社会主义市场经济的实施；从只以意识形态划线到向包括资本主义发达国家的全面开放；从过去受到封锁和自我封闭到引进外资、引进技术；从领导干部职务事实上的终身制到党和国家领导体制的改革……40 多年来，我国在政治、经济等各个方面进行了全面的改革。

改革开放使中国发生了翻天覆地的伟大变化。今天的中国，其经济总量从 1978 年的 3 000 多亿元跃升到 2017 年的 82.7 万亿元，人均 GDP 从 1978 年 385 元跃升到 2016 年的 53 980 元，各项改革事业也不断前进，国家和民族的面貌发生了历史性的改变。历史已经证明，改革开放是决定当代中国命运的关键抉择。正如党的十八大报告所指出的，改革开放是坚持和发展中国特色社会主义的必由之路。

第二节 中国社会主义经历的三次重大考验

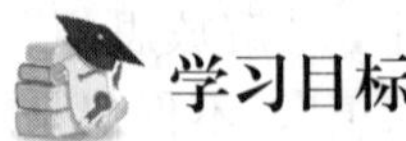

学习目标

了解中国社会主义经历的三次重大考验的基本内容，特别是把握每一次重大考验对我国社会主义历史进程产生的影响。

学习内容提要

主要是了解这一历史时期的若干重大历史事件，正确认识 1956 年反斯大林事件、“文化大革命”以及 1989 年北京政治风波等事件的来龙去脉，把握这些历史事件背后深刻的社会历史背景，总结历史经验。

学习步骤

先由教师组织学生阅读相关历史文献或观看相关视频资料，然后听教师讲解。结合前面所学关于“正确评价毛泽东”等相关内容，思考 1956 年的反斯大林事件对国际共产主义运动产生的消极影响。

① 邓小平．邓小平文选：第 3 卷．1 版．北京：人民出版社，1993：369.

学习内容详解

一、1956年发生的反斯大林浪潮和匈牙利事件的发生

苏联共产党第二十次代表大会于1956年召开，这是苏联历史乃至国际共产主义历史的一个重要转折点。会上主要批判了对斯大林的个人迷信，指出斯大林主义的错误，还提出“三和”的新理论，对世界形势产生了重大的影响。在二十大的一次秘密会议上，赫鲁晓夫突然抛出了一个长达4小时的题为《关于个人迷信及其后果》的“秘密报告”。在讲话中，他谴责了斯大林依靠酷刑迫使清白无辜的人民招供，并将他们大量地处死；谴责了斯大林在第二次世界大战中的策略；谴责了1948年斯大林对破坏苏联与南斯拉夫关系所负有的责任以及对他的“个人崇拜”。在被紧急召集到会议大厅的代表们的惊愕中，赫鲁晓夫全盘否定了斯大林，揭露了很多苏共和国际共产主义运动的负面情况。苏共二十大震惊了世界，也造成了极其严重的政治后果，1956年当年就发生了波兹南事件和匈牙利事件，死伤上千人。

匈牙利事件指1956年匈牙利人民共和国发生的政治事件。1956年2月苏联共产党第二十次代表大会之后，在匈牙利劳动人民党内、社会各界人士和人民群众中，要求批判中央第一书记拉科西·马加什的情绪日益强烈。1956年7月，匈牙利劳动人民党中央全会宣布解除拉科西·马加什中央第一书记职务，由格罗·艾尔诺接替。匈牙利政治形势日趋恶化。在布达佩斯从10月23日清晨起，先是由几千名大学生，随后增加到10余万名市民举行和平示威游行。大多数参加者要求纠正以前的错误，实行新的经济政策，要求纳吉·伊姆雷出任总理。格罗·艾尔诺发表广播演说指责示威游行，进一步激化了矛盾。当天夜晚，一批暴乱分子武装袭击国家广播大楼，随即攻占电台以及一些武器仓库和警察哨所，进而袭击公安部队人员和共产党人。深夜，匈牙利政府宣布改组，由纳吉·伊姆雷出任总理。纳吉·伊姆雷向全国发表广播讲话，声称这次事件为“反革命事件”，政府已请求驻扎在匈牙利的苏联部队协助平息叛乱，要求闹事者放下武器。此后，暴乱波及全国。10月28日，纳吉·伊姆雷在广播讲话中宣布苏军将撤离布达佩斯，解散国家保安局，成立新政府。这事实上意味着匈牙利的社会主义政权已经被推翻。随后，苏联宣布出兵匈牙利，最后经过激烈的巷战才重新恢复了匈牙利的社会主义政权。1958年，纳吉·伊姆雷被认为应为匈牙利事件负责，被匈牙利政府以“叛国罪”处以死刑。

赫鲁晓夫的反斯大林事件，有着极为深刻的历史教训。首先应当承认，个人崇拜确实是当时的一些社会主义国家带有一定普遍性的问题。在斯大林当政期间，由于对他的极端个人崇拜而导致的绝对权力，也确实给苏联共产党和社会主义建设都带来了相当的损害。所以对斯大林错误的批评本身是无可厚非的。毛泽东在了解这一事件后曾说过“一则以喜”，就表明了我们对反对个人崇拜的历史唯物主义态度。但问题的关键在于，赫鲁晓夫采取了一种卑劣的手法，即用“突然袭击”的方式，没有任何策略的铺垫，完全不考虑当时斯大林在苏联共产党和人民乃至在全世界无产阶级中的巨大威望，也完全不能辩证地分析斯大林的功过，对斯大林在领导苏维埃发展和抗击德国法西斯斗争中的巨大功绩绝口不提，毫不留情地彻底否定了斯大林。结果，表面上是批判斯大林，实际上则是为各种反对社会主义和反对共产党的政治势力提供了“炮弹”，严重损害了社会主义的声誉，在当时的苏联和东欧各社会主义国家内部产生了对社会主义的严重怀疑，造成了极大的信念危机。事实上，当时以美国为首的西方资本主义阵营也确实趁机掀起了一股反共反社会主义的狂潮。所以毛泽东又说，对此“一则以忧”。而匈牙利事件确实也对我国的社会主义事业产生了严重影响，尤其是严重干扰了毛泽东对社会主义社会主要矛盾的判断。

1956 年召开的中国共产党第八次全国代表大会，本来已经对我国社会主义社会的主要矛盾作出了精辟的分析。八大认为，随着我国土地改革的完成，地主阶级作为一个阶级已经被消灭；随着对资本主义工商业的改造完成，资产阶级作为一个阶级也已经被消灭。既然国内的两大剥削阶级都已经被消灭，那么国内的主要矛盾当然也就不应该是阶级矛盾了。但是，匈牙利事件的发生使毛泽东认为，社会主义社会不但存在阶级斗争，而且是你死我活的阶级斗争。这一认识固然有客观的历史原因，但主要还是主观认识上出了问题，即过于严重地估计了匈牙利事件对我国的影响以及错误估计了国内的阶级斗争形势，从而在指导思想上犯了“左”的错误，完全偏离了八大制定的正确路线，逐渐走上一条“以阶级斗争为纲”的错误道路，直至“文化大革命”那样全局性的错误发生。

二、“文化大革命”的发生

“文化大革命”指 1966 年 5 月至 1976 年 10 月在中国由毛泽东错误发动和领导、被林彪和江青两个反革命集团利用、给中华民族带来严重灾难的政治运动。1966 年，正当国民经济的调整基本完成，国家开始执行第三个五年计划的时候，意识形态领域的批判运动逐渐发展成矛头指向党的领导层的政治运动。一场长达十年、给党和人民造成严重灾难的“文化大革命”爆发了。

毛泽东发动这场“大革命”的出发点是防止资本主义复辟、维护党的纯洁性和寻求中国自己的建设社会主义的道路。但他对党和国家政治状况的错误估计当时已经发展到非常严重的程度，他认为党中央出了修正主义，党和国家面临资本主义复辟的现实危险；过去几年的农村“四清”、城市“五反”和意识形态领域的批判，都不能解决问题，只有采取断然措施，公开地、全面地、由下而上地发动广大群众，才能揭露党和国家生活中的阴暗面，把所谓被“走资派篡夺了的权力”夺回来。这是在 20 世纪 60 年代中期发动“文化大革命”在思想上起主导作用的原因。

在这场所谓的“大革命”中，包括党和国家领导人在内的大批中央党政军领导干部、民主党派负责人、各界知名人士和群众受到诬陷和迫害。党和政府的各级机构、各级人民代表大会和政协组织，长期陷于瘫痪和不正常状态。公安、检察、司法等专政机关和维护社会秩序的机关都被搞乱了。在长时间的社会动乱中，国民经济发展缓慢，主要比例关系长期失调，经济管理体制更加僵化。这十年间，按照正常年份百元投资的应增效益推算，国民收入损失达 5 000 亿元。人民生活水平基本上没有提高，有些方面甚至有所下降。自 70 年代起，正是国际局势趋向缓和，许多国家经济起飞或开始持续发展的时期。但是，由于“文化大革命”的影响，中国不仅没能缩小与发达国家已有的差距，反而拉大了相互之间的差距，从而失去了一次发展机遇。这场由文化领域发端的“大革命”，对教育、科学、文化的破坏尤其严重，影响极为深远。很多知识分子受到迫害，学校停课，文化园地荒芜，许多科研机构被撤销，在一个时期内造成了“文化断层”“科技断层”“人才断层”。据 1982 年的人口普查统计，全国文盲和半文盲达 2.3 亿人，占全国总人口数的近四分之一，严重影响到全民族文化素质的提高和现代化事业的发展。“文化大革命”造成全民族的思想空前混乱，党的建设和社会风气受到严重破坏。一些投机分子、野心分子、阴谋分子和打砸抢分子乘机混到党内并窃取一部分权力，无政府主义、极端个人主义、个人崇拜以及各种愚昧落后的思想行为泛滥开来，致使一些人对马克思主义的信仰和社会主义的信念受到严重削弱。

党的十一届三中全会重新恢复和确立了实事求是的思想路线，也对“文化大革命”的“左”的错误进行了坚决的批判。1981年，在邓小平的主持下，党的十一届六中全会通过了《关于建国以来党的若干重大历史问题的决议》，彻底否定了“文化大革命”。在一定意义上，我们党后来提出要改革党和国家领导制度、坚持依法治国、实行改革开放和坚持以经济建设为中心等重大决策，都是反思“文化大革命”的错误、拨乱反正的必然结果。

三、1989年北京政治风波的发生

20世纪80年代末，社会上掀起一股资产阶级自由化思潮。所谓自由化，就是大肆宣传资产阶级的民主和自由，进行反党反社会主义的活动，目的是要改变我国现行的社会主义制度，把中国引向资本主义。在此影响下，1989年4月初，北京一些高校的青年学生针对现实社会中存在的问题开展各种形式的活动，形成学潮。4月15日，原中共中央总书记胡耀邦逝世，广大群众和青年学生举行各种形式的悼念活动，但是极少数鼓吹资产阶级自由化的人却利用这个时机，以悼念为借口，进行反党、反社会主义的活动。在他们的煽动下，首都及地方一些高校的学生大批涌上街头举行游行活动，西安、长沙等地的一些不法分子趁机进行了打、砸、抢、烧，学潮迅速发展成为动乱。4月26日，《人民日报》发表题为《必须旗帜鲜明地反对动乱》的社论，指出这是一场有计划的阴谋，是一次动乱，其实质是从根本上否定党的领导，否定社会主义制度。社论号召大家紧急行动起来，采取坚决有力的措施制止动乱。但是，形势并没有好转。5月19日晚，中共中央决定在首都部分地区实行戒严，但少数暴乱分子煽动一些人与戒严部队对抗。同时，上海、广州等地也接连发生暴徒冲击党政机关、破坏交通设施等严重事件。对此，党中央、国务院、中央军委采取果断措施，平息了暴乱。这场政治风波破坏了我国正常的社会秩序，扰乱了正常的经济建设进程，给党、国家和人民造成了重大损失。平息动乱的胜利，巩固了我国的社会主义阵地和十年改革开放的成果，也给党和人民提供了有益的经验教训。

邓小平在总结北京政治风波的历史教训时曾经说过，发生这一事件实际是国际大气候和国内小气候共同作用的结果。所谓国际大气候，就是当时以美国为首的一些西方国家，利用一切手段实施对社会主义国家的“和平演变”，试图分化、渗透、瓦解和颠覆社会主义的国家主权。从1989年末到1991年末的两年间，发生了东欧剧变、苏联解体的重大事变，世界社会主义陷入低潮。而国内小气候则是国内一些别有用心、坚持资产阶级自由化的人，利用青年学生的爱国热情，试图煽动改变我国社会主义的根本制度。这一事件也暴露了我们在一定时期忽视对青年学生的思想政治教育、反击资产阶级自由化不力的问题。它深刻提示我们，在纷繁复杂的国家政治斗争形势下，中国必须大力加强社会主义意识形态建设，必须始终坚持改革开放的社会主义方向，才能抵御西方“和平演变”的图谋。

尽管发生了东欧剧变和国内政治风波的严重事件，但并没有从根本上改变和平与发展已成为时代主题的世界大局，也没有改变我国社会主义社会的主要矛盾——人民群众日益增长的物质文化需要和我国落后的社会生产之间的矛盾。因此，中国要真正坚持社会主义，其根本点还是在于要继续坚持党在社会主义初级阶段的基本路线，即“一个中心，两个基本点”的基本路线，坚定不移地走中国特色社会主义道路。1992年春，在当时极为复杂的国际国内形势下，在我国改革开放的关键时刻，87岁高龄的邓小平到深圳、珠海等改革开放的前沿地区视察，并发表了一系列极为重要的谈话。他指出，在中国，不坚持社会主义，不改革开放，不发展经济，不改善人民生活水平，只能是死路一条。邓小平视察南方的谈话，后来被他称为是对全党的政治交代。这一谈话对于我们坚定不移地坚持改革开放，坚定不移地走中国特色社会主义道路，有着战略性的长远的指导意义。

第三节 社会主义发展进程的历史启示

学习目标

进一步理解党的实事求是的思想路线的内涵和意义；了解社会主义社会的基本矛盾和主要矛盾。特别是要深刻认识坚持做到实事求是并不是一件容易的事情；使学生能够认识和把握党的实事求是思想路线的基本内容，深刻领会实事求是是党的思想路线的核心和实质，领会坚持实事求是的思想路线的重大理论意义和实践意义；使学生明白要坚持党的实事求是的思想路线不偏离，就必须不断地解放思想，大力弘扬与时俱进的精神，不断地推进理论创新。

学习内容提要

胡锦涛在庆祝中国共产党成立90周年大会上的讲话中指出：“在历史上的一些时期，我们曾经犯过错误甚至遇到严重挫折，根本原因就在于当时的指导思想脱离了中国实际。我们党能够依靠自己和人民的力量纠正错误，在挫折中奋起，继续胜利前进，根本原因就在于重新恢复和坚持贯彻了实事求是。”这就非常明确地告诉我们，要坚持以马克思主义、毛泽东思想和中国特色社会主义理论体系指导中国革命、建设和改革，就必须充分认识贯穿于马克思主义、毛泽东思想和中国特色社会主义理论体系中的认识、分析和解决问题的立场、观点和方法，即理论精髓，也就是实事求是。

学习步骤

1. 请同学们先阅读教材中的相关内容，然后听教师讲解。

2. 学生在自学和听课的基础上，思考并进一步懂得思想路线的正确与否对党的事业的重要性。

学习内容详解

一、坚持实事求是的思想路线

实事求是是马克思主义中国化理论成果的精髓。所谓精髓，对于某一理论而言，指的是能使这一理论得以形成和发展并贯穿其始终，同时又体现在这一理论体系各个基本观点上的最本质的东西。马克思主义中国化的各个理论成果，其精髓都是实事求是。实事求是之所以是马克思主义的精髓，是因为实事求是来源于马克思主义的基本观点：（1）实事求是来源于唯物论的观点。唯物论的观点无非是指，世界在本质上是物质的，人在认识和把握世界时，就要按照世界本身所呈现的样子来理解世界，从事实本身的联系来把握事实。（2）实事求是来源于反映论的观点。按照马克思主义的反映论，认识是主体在实践过程中对客体的反映，它随着人们的实践发展由感性认识到理性认识，并且通过实践、认识、再实践、再认识这一循环往复以致无穷的过程，而不断深化。实事求是要求我们在不断的实践中引出固有的而不是臆造的规律作为我们行动的向导。（3）实事求是来源于辩证法的观点。辩证法本质上具有革命的、批判的精神。马克思主义中国化理论成果的精髓是解放思想、实事求是、与时俱进。一方面，正是由于把握和运用了这个精髓，才有毛泽东思想、邓小平理论和“三个代表”重要思想的创立和发展，才有十六大以来的理论创新；另一方面，这个精髓又体现在马克思主义中国化各个理论成果基本内容的各个方面。正是把握和运用了这个精髓，一代又一代马克思主义者在开创和发展社会主义事业的历史进程中，才能不断解决新课题，开拓新境界。解放思想和实事求是是内在统一的。解放思想是实事求是的内在要求和前提。实事求是是解放思想的目的和归宿。尊重实践、尊重群众，是实事求是思想路线的根本体现。与时俱进是马克思主义的理论品质，是解放思想、实事求是的具体体现和根本要求。

二、正确分析社会主义社会的基本矛盾和主要矛盾

人类社会，是一个矛盾的社会，问题以矛盾的形式存在。任何社会形态都充满了各种矛盾，而纷繁的矛盾中，只有一个是当时的主要矛盾。共产党人解决问题讲方法，也就是找当前的主要矛盾，解决主要矛盾。主要矛盾解决了，一大批与主要矛盾相生的次要矛盾也就随之解决了。然后再找寻主要矛盾，解决之。社会主义社会的基本矛盾是生产力和生产关系、经济基础和上层建筑之间的矛盾。

在社会主义初级阶段，社会的主要矛盾是人民日益增长的物质文化需要同落后的社会生产之间的矛盾。对于社会主义社会主要矛盾的正确判断，是我们党确立其基本路线的主要依据。解决这一矛盾就要求我们大力发展社会生产力，党的基本路线提出以经济建设为中心，就抓住了这一主要矛盾。这个主要矛盾，贯穿我国社会主义初级阶段的整个过程和社会生活的各个方面，决定了我们的根本任务是集中力量发展社会生产力。如何认识社会主义社会的主要矛盾，我们经历过一些挫折和教训。1956 年召开的党的八大指出，社会主义制度在我国基本建立以后，国内主要矛盾已经不再是工人阶级和资产阶级的矛盾，而是人民对于经济文化迅速发展的需要同当前经济文化不能满足人民需要之间的矛盾。但是由于“左”的错误，这一正确论断没有得以实施就被动摇，接着提出了“以阶级斗争为

纲”，把两个阶级、两条道路的斗争作为主要矛盾，以至发展到“文化大革命”，造成全局指导上的失误。十一届三中全会以后，我们党纠正了这个错误，重新明确我国社会的主要矛盾是人民日益增长的物质文化需要同落后的社会生产之间的矛盾。从十二大到十七大，我们党始终坚持这个科学论断。

2017 年党的十九大指出：“中国特色社会主义进入新时代，我国社会主要矛盾已经转化为人民日益增长的美好生活需要和不平衡不充分的发展之间的矛盾”①。我们必须清醒地认识到，中国特色社会主义进入新时代并没有改变我国现在处于并将长期处于社会主义初级阶段的国情，也没有改变生产力和生产关系、经济基础和上层建筑之间的社会主义社会的基本矛盾。解放和发展生产力依然是现阶段我们的主要任务。

三、我国建设社会主义的根本经验

1. 社会主义不仅要在生产关系方面更要在生产力发展上最终超越资本主义

中国共产党要代表中国先进生产力的发展要求，就要把解放和发展生产力作为社会主义的根本任务，通过我们党的领导及其制定的路线、方针、政策，促进生产力的不断发展，促进国家经济实力的不断增强。

第一，坚持把解放和发展生产力作为社会主义的根本任务。社会主义本质的一个主要内容，就是解放和发展生产力。社会主义要发挥自己的功能和优越性，就必须把解放和发展生产力放在根本和首要的位置。只有大力发展生产力，才能增强国家综合国力、不断提高人民的物质文化生活水平，才能在与资本主义的竞争中逐步取得优势地位。中国作为一个经济文化比较落后的国家，现在处于并将长期处于社会主义初级阶段，因此，面临着更为紧迫的解放和发展生产力的任务。邓小平同志指出：“社会主义的首要任务是发展生产力，逐步提高人民的物质和文化生活水平。”② “社会主义制度优越性的根本表现，就是能够允许社会生产力以旧社会所没有的速度迅速发展，使人民不断增长的物质文化生活需要能够逐步得到满足。”③ 按照历史唯物主义的观点，正确的政治领导的成果，归根结底要表现在社会生产力的发展上、人民物质文化生活的改善上。社会主义的任务很多，但根本一条就是发展生产力。正因为如此，作为一个马克思主义政党，作为一个致力于建设社会主义和为人民谋利益的政党，就必须始终致力于解放和发展生产力。

第二，坚持扭住经济建设这个中心不放。把全党工作的重点转移到经济建设上来，一心一意搞现代化，发展生产力，这是十一届三中全会以来邓小平领导全党所作的最根本的拨乱反正，也是“我国历史上的一个伟大的转折”。把经济建设放在中心地位，这是社会主义本质和根本任务的要求，同时也是解决社会主义初级阶段主要矛盾的要求。现代化建设的任务是多方面的，各个方面需要综合平衡，不能单打一。但是说到最后，还是要把经济建设当作中心。离开了经济建设这个中心，就有丧失物质基础的危险。其他一切任务都要服从这个中心，围绕这个中心，决不能干扰它、冲击它。坚持以经济建设为中心，不是

---

① 习近平．决胜全面建成小康社会 夺取新时代中国特色社会主义伟大胜利——在中国共产党第十九次全国代表大会上的报告．人民日报，2017-10-28（1-5）．

② 邓小平．邓小平文选：第 3 卷．1 版．北京：人民出版社，1993：116．

③ 邓小平．邓小平文选：第 2 卷．2 版．北京：人民出版社，1994：128．

一朝一夕的事情，而是一个长期的战略方针。在整个社会主义历史阶段，在不发生较大战争的情况下，都要坚持以经济建设为中心不动摇。

2. 社会主义必须始终坚持马克思主义的最根本的社会价值观

马克思主义价值观，是以追求人的自由而全面发展为崇高社会理想的价值观，是以人为本、促进社会和谐发展的价值观，是求真务实、按经济和社会客观规律办事的价值观，是创造社会公平正义，倡导为社会奉献、为社会大多数成员谋利益的价值观。在新的历史条件下，尽管经济、社会生活和思想文化观念纷繁复杂，但马克思主义的价值观仍是社会主义社会最根本的社会价值观。我们要从以下几方面牢固树立并坚持马克思主义的价值观：

（1）牢固树立“以人的自由而全面发展为目的”的崇高社会理想价值观，把人生的理想坚定不移地定位在为共产主义理想奋斗上。共产主义作为人类的自由而全面发展的理想社会，是一个不断的历史实现过程。因此，我们要坚信共产主义这个人类社会最高理想一定会实现。我们要始终把人生的价值观坚定不移地定位在为实现共产主义奋斗上，在为实现“人的自由而全面发展”的进程中实现自己的人生价值。

（2）牢固树立“以实现社会成员共同利益为目的，以促进社会成员共同富裕为目标”的执政为民价值观。纵观我们党成立 90 多年来的奋斗史，什么时候我们充分地为广大人民谋利益，人民群众的革命和建设热情就高涨，革命就会取得成功，建设事业就有大的发展。今天，在深化改革开放、全面推进社会主义市场经济建设的时刻，我们要更加重视广大人民群众的主体作用，要把促进社会成员共同富裕、实现社会成员的共同利益作为我们的事业发展的目的。我们想问题、办事情，首先要充分考虑有利于促进社会成员的共同富裕。领导干部要在为最广大人民群众谋利益的过程中实现自己的工作价值和人生价值。

（3）牢固树立民主法治、公平正义的价值观，为构建社会主义和谐社会贡献力量。民主法治、公平正义是社会主义和谐社会的重要特征，是我们构建和谐社会的基本价值取向，是社会成员的共同利益所在，是物质价值和精神价值的统一。当前，要着重在为社会不同阶层实现利益分配公平上下功夫，努力为广大人民群众提供公平的竞争条件、公平的就业机会、公平的分配规则。

人类社会是不断发展变化的，马克思主义价值观是在社会的发展变化中生成和不断充实的。在新的历史条件下牢固树立和坚持马克思主义价值观主要有以下途径：第一，坚持马克思主义的价值取向，以人为本，围绕人的物质需要、精神需要和素质全面提高，制定发展规划，推动发展的深入。第二，确立以人民群众为评价主体、以是否满足人民群众的需要和解决实际问题为评价标准的价值评价体系。第三，建立牢固树立和坚持马克思主义价值观的长效机制。

3. 社会主义必须体现最广大人民的根本利益

人民群众是历史活动的主体，是社会发展的决定性力量。人民群众的意志、愿望、要求和实践，反映着社会发展趋向，体现着社会发展规律。坚持尊重社会发展规律与尊重人民历史主体地位的一致性，就必须强化人民群众的主人翁地位，把人民群众的积极性、主动性、创造性调动好、发挥好、保护好。人民群众作为历史活动的主体，他们的意志、愿望、要求和实践，反映着社会发展趋向，体现着社会发展规律。反映并代表最广大人民的利益、意愿和要求，就是遵循社会发展规律；而遵循社会发展规律，就必然要求反映并代表最广大人民的利益、意愿和要求。因此，任何阶级和政党，要成为进步的社会力量，按照社会发展规律推动社会前进，就必须站在人民群众一边，反映并代表最广大人民的利益、意愿和要求。

中国共产党作为用马克思主义武装起来的工人阶级政党，其崇高理想是实现共产主义，这是我们党的最高纲领。同时，在革命、建设和改革的各个历史阶段，我们党还确定了每个阶段的基本纲领即最低纲领，并由此形成了为广大人民群众所认同和接受的共同理想。无论是最高纲领还是最低纲领，无论是远大理想还是共同理想，其方向和目的都是一致的，都统一于为最广大人民谋利益的实践之中。因此，坚持为崇高理想奋斗与为最广大人民谋利益的一致性，也就是坚持党的最高纲领与最低纲领、远大理想与共同理想的一致性，就是坚持共产党人的理想追求与为现实社会人民群众服务的一致性。党的事业就是人民的事业，党除了最广大人民的利益，没有自己的特殊利益。坚持完成党的各项工作与实现人民利益的一致性，就必须坚持把最广大人民的根本利益作为制定和执行路线、纲领、方针、政策的出发点和归宿，把对上负责与对下负责统一起来，坚持党的群众路线，妥善处理各种利益关系。

练习题

一、单项选择题

1. 中国特色社会主义的发端应当始于：（　　）。

A. 1949 年 10 月新中国的成立

B. 1956 年社会主义改造基本完成

C. 1976 年 10 月“文化大革命”结束

D. 1978 年党的十一届三中全会的召开

2. 毛泽东提出要“以苏为鉴”、探索我们自己的社会主义建设道路是在：（　　）。

A. 中共七届二中全会

B. 1954 年通过的《中华人民共和国宪法》

C. 1956 年苏共二十大发生反斯大林事件后

D. 党的八大

3. 对中国社会主义建设道路的理论探讨是：（　　）。

A. “始于毛、成于邓”

B. 毛泽东《论十大关系》

C. 总结“文化大革命”的教训、拨乱反正

D. 邓小平《解放思想，实事求是，团结一致向前看》

4. 在我们党的历史上邓小平正式提出“建设中国特色社会主义”的理论命题是在：（　　）。

A. 党的十一届三中全会

B. 党的十二大

C. 党的十三大

D. 党的十三届四中全会

二、多项选择题

1. 改革开放以来我们取得的一切成绩和进步，都归因于：(　　)。

A. 坚持了以经济建设为中心的党的基本路线

B. 开辟了中国特色社会主义道路

C. 坚持了解放思想、实事求是的党的思想路线

D. 形成了中国特色社会主义理论体系

2. 中国特色社会主义理论体系的主要内容包括：(　　)。

A. 毛泽东思想

B. 邓小平理论

C. “三个代表”重要思想

D. 科学发展观

E. 习近平新时代中国特色社会主义思想

3. 我们党在理论创新和实践创新中，所围绕的基本理论问题是：(　　)。

A. 什么是马克思主义，怎样对待马克思主义

B. 什么是社会主义，怎样建设社会主义

C. 建设一个什么样的党，怎样建设党

D. 实现什么样的发展，怎样发展

4. 按照胡锦涛同志的解释，中国特色社会主义的基本含义是：(　　)。

A. 坚持了科学社会主义的基本原则

B. 坚持了马克思主义的指导

C. 坚持了社会主义初级阶段的理论

D. 根据中国实际和时代特征赋予了鲜明的中国特色

5. 坚定不移地推进改革开放、坚定不移地走中国特色社会主义道路必须做到：(　　)。

A. 不动摇　　B. 不懈怠　　C. 不彷徨　　D. 不折腾

6. 坚定不移地走中国特色社会主义道路不折腾的基本含义是：(　　)。

A. 绝不走僵化教条的老路　　B. 绝不走改旗易帜的邪路

C. 绝不走方向不明的黑路　　D. 绝不走反复折腾的弯路

第四专题

邓小平理论的历史进程及学习方法论

第一节 中国特色社会主义道路的历史进程

学习目标

能够运用逻辑与历史相统一的方法论原则，了解中国特色社会主义历史进程的主要历史事件，了解十一届三中全会以来我们党领导建设中国特色社会主义伟大事业的具体实践，知晓在这一过程中我们党实现的理论创新和实践创新，特别是对中国特色社会主义理论体系的整体构架有清晰的了解。

学习内容提要

结合教材重点学习重新确立党的实事求是的思想路线的艰难历程，学习中国特色社会主义历史发展中我们党的一系列重大创新，如改革开放的理论与实践、社会主义初级阶段理论、社会主义本质的新概括、社会主义市场经济理论、“一国两制”的理论等。

学习步骤

1. 认真阅读教材中的相关部分，学习相关内容的基本概念，观看电视文献片《复兴之路》。

“为了一个民族的梦想，我们从1840年的海面出发；为了一个不变的追求，我们在岁月深处写下光荣。全球视野下展现中国道路之抉择；全景历史中浓缩民族复兴之历程。”

——《复兴之路》

2. 通过对教材相关内容的学习，再认真听老师讲课，并思考下面的问题：

(1) 为什么说改革开放以来取得的一切成绩，归根结底都是因为我们坚持了中国特色社会主义道路和中国特色社会主义理论体系？

(2) 怎样理解马克思主义具有与时俱进的理论品质？

学习内容详解

一、解放思想的破冰之旅

1976 年 10 月粉碎“四人帮”以后，华国锋提出“两个凡是”（凡是毛主席作出的决策，我们都坚决维护；凡是毛主席的指示，我们都始终不渝地遵循）的方针，以“高举毛主席旗帜”、坚持毛泽东思想为借口，继续维护毛泽东晚年的错误，把“文化大革命”的理论口号及方针政策，包括对邓小平的错误结论等，都以毛主席有过批示为由而加以维护，阻碍拨乱反正工作的进行。1977 年 2 月，“两个凡是”公开提出后，就引起了广大干部特别是老干部的忧虑。邓小平最早旗帜鲜明地反对“两个凡是”的错误方针。他在 1977 年 4 月 10 日给党中央的信中就指出“我们必须世世代代地用准确的完整的毛泽东思想来指导我们全党、全军和全国人民，把党和社会主义的事业，把国际共产主义运动的事业，胜利地推向前进”①。同年 7 月，邓小平在党的十届三中全会上再次重申了要完整地准确地理解毛泽东思想这个辩证唯物主义的科学原则。他的观点得到了叶剑英、陈云等一批老一辈革命家的支持和响应。之后，开始出现了一些在理论上和政策上拨乱反正的好文章，促进了思想界、理论界的思想解放。1977 年底，中央党校根据胡耀邦的意见，明确规定研究党的历史要遵守两条原则，一条是完整地准确地理解毛泽东的有关指示，一条是以实践为检验路线是非的标准。至此，一场判断思想是非、理论是非标准问题的思想政治领域的大讨论已不可避免。

1978 年 5 月 10 日，中共中央党校内部刊物发表了由胡耀邦审定的《实践是检验真理的唯一标准》一文，5 月 11 日《光明日报》以特约评论员名义刊登了此文，当天新华社转发，次日《人民日报》和《解放军报》同时予以转载，全国绝大多数省、市、自治区的报纸也陆续予以转载。这篇文章阐述了马克思主义的思想路线，指出：检验真理的标准只能是社会实践，理论与实践的统一是马克思主义的一个最基本的原则，任何理论都要不断接受实践的检验；革命导师是坚持用实践检验真理的榜样。这是从根本理论上对“两个凡是”的否定。这篇文章在全党引起了强烈反响，同时也遭到一些人的非议和谴责，从而引发了一场关于真理标准问题的全国性大讨论。

真理标准问题的大讨论，破除了“两个凡是”的思想禁锢，重新确立和恢复了解放思想、实事求是的思想路线，为具有重大历史意义的党的十一届三中全会的召开扫清了思想障碍，为改革开放铺平了道路。邓小平在十一届三中全会的预备会即中央工作会议的主题发言《解放思想，实事求是，团结一致向前看》中，对真理标准问题的大讨论进行了高度评价。他指出，这个争论实际是要不要解放思想的争论，从争论的结果看，越看越重要。一个党、一个国家、一个民族，如果一切从本本出发，思想僵化，迷信盛行，那它就不能

① 邓小平．邓小平文选：第 2 卷．2 版．北京：人民出版社，1994：39.

前进，它的生机就停止了，就要亡党亡国。邓小平的这段话，是值得我们永远记取的。

二、决定当代中国命运的关键抉择

1. 改革开放是发展中国特色社会主义的直接动力

历史唯物主义的基本原理为我们揭示了社会发展的普遍规律，这就是：各种社会形态的更替和发展，从奴隶社会到社会主义社会，人类历史能够从远古走到今天，从荒蛮走向文明，都是生产力和生产关系、经济基础和上层建筑矛盾运动的结果。但这种运动并不是自发盲目的历史进程，而总是由一定的社会阶级顺应历史潮流，依靠一定的价值原则能动地变革不适应生产力和经济基础的生产关系和上层建筑，使逻辑和历史不断统一的自然历史过程。

古往今来，任何一个新生社会制度的发展，都必然经历一个从小到大、由弱到强、逐渐壮大的过程。社会主义社会的发展，同样有一个不断自我完善和发展的过程。恩格斯曾经说过：“所谓‘社会主义社会’不是一种一成不变的东西，而应当和任何其他社会制度一样，把它看成是经常变化和改革的社会。”① 推动社会主义变革的内在力量，依然是社会基本矛盾的运动。毛泽东同志在 1957 年《关于正确处理人民内部矛盾的问题》中指出：“在社会主义社会中，基本的矛盾仍然是生产关系和生产力之间的矛盾，上层建筑和经济基础之间的矛盾。”② 其中，生产力是社会基本矛盾中占支配地位、起主导作用的方面，是人类历史发展中最积极、最活跃和最具革命性的因素。生产力的发展必然要求生产关系和上层建筑作相应的变化，以适应生产力发展的性质和水平，从而推动整个社会的进步与发展。

我国建立起社会主义制度以后，由于我们对社会主义建设规律认识不足以及“左”的错误干扰，加上曾经一度盲目照搬苏联模式，在许多具体的体制和政策上出现了偏差，影响了社会主义制度优越性的发挥。邓小平根据我国社会主义在发展过程中的不足和缺陷，尖锐地指出：“中国社会从一九五八年到一九七八年二十年时间，……国家的经济和人民的生活没有得到多大的发展和提高。”③ 党的十一届三中全会以来，我们实事求是地深刻分析了社会主义社会基本矛盾的具体表现，不断挖掘出我们在具体的经济政治体制方面的弊端。譬如，在所有制上不顾生产力的实际发展水平和具体差异而实行单一的公有制；在分配中的平均主义、吃大锅饭；政企不分、条块分割，国家对企业管得过多过死；忽视商品生产、价值规律和市场的作用；干部领导体制实际上存在的终身制；等等。这些都是社会主义社会基本矛盾的体现。根据社会生产力的现实水平和进一步发展的客观要求，自觉调整生产关系中与生产力不相适应的部分，调整上层建筑中与经济基础不相适应的部分，其实质就是以改革解决社会的基本矛盾。改革使社会主义生产关系和上层建筑更好地适应社会主义生产力和经济基础的状况，改革是社会主义发展的直接动力。

2. 改革是总结社会主义历史经验和教训的必然要求

产生于发达资本主义国家的科学社会主义学说应用于经济文化比较落后的国家进行社会主义实践，是个崭新的历史大课题。1917 年十月革命以后，第一个社会主义国家苏联

---

① 马克思，恩格斯．马克思恩格斯文集：第 10 卷．北京：人民出版社，2009：588.

② 毛泽东．毛泽东文集：第 7 卷．北京：人民出版社，1999：214.

③ 邓小平．邓小平文选：第 3 卷．1 版．北京：人民出版社，1993：237.

根据马克思、恩格斯和列宁的某些设想创建了第一种社会主义模式，并取得了一些探索性的成果。但由于对社会主义社会基本矛盾认识上的褊狭，斯大林长期否认社会主义的经济政治体制依然存在缺陷与矛盾。这种理论上的错误，导致斯大林一直否定改革的必要性，从而使苏联的社会主义模式逐渐陷入僵化。到 20 世纪中叶，继苏联之后出现了 14 个社会主义国家，斯大林时期的苏联模式又被照样推广到这些国家。这种不顾各自历史及现实特征教条化地盲目照搬，桎梏了这些国家社会主义的生机，20 世纪 70 年代以后，这些国家的经济社会发展都遇到了严重困难。以至 1989 年到 1991 年，出现了东欧剧变、苏联解体，社会主义事业遭受了严重挫折。造成这种状况的一个重要原因，就在于没有真正把马克思主义与时代特点和本国实际很好地结合起来，开创出一条社会主义建设和改革的成功之路。这是社会主义发展历程中一个深刻的历史教训。

新中国成立后，毛泽东是当时各社会主义国家领导人中最早认识社会主义社会基本矛盾的。毛泽东在科学揭示了社会主义基本矛盾的基础上指出，社会主义的基本矛盾是非对抗性的矛盾，不表现为激烈的对抗与冲突。与只能用社会革命的方式予以解决的资本主义社会的基本矛盾不同，社会主义社会的矛盾“可以经过社会主义制度本身，不断地得到解决”[①]。在 1956 年党的八届二中全会上的讲话中，毛泽东进一步提出，即便将来全世界的帝国主义都打倒了，阶级消灭了，社会制度还要改革。毛泽东关于社会主义社会基本矛盾的分析及其相关思想，为 20 世纪末中国的改革奠定了重要的理论前提。但遗憾的是，毛泽东在如何解决社会主义基本矛盾的问题上，没有得出科学结论。他后来错误地认为，社会主义社会的主要矛盾还是无产阶级和资产阶级的矛盾，阻碍生产力发展的主要原因是生产关系公有化程度还不够高。由此带来的，就是所有制不断向“一大二公”“纯而又纯”的公有制升格，特别是以“阶级斗争为纲”来“促生产”。实践证明，这些方法非但没有促进我国生产力的进步，反而造成了严重的后果。

以邓小平为核心的党的第二代领导集体充分肯定并注重运用毛泽东的社会主义社会的矛盾学说，又在吸取过去失误教训的基础上发展了毛泽东的思想。邓小平明确提出了要用改革的办法处理和解决社会主义社会的基本矛盾。他指出：“我们所有的改革都是为了一个目的，就是扫除发展社会生产力的障碍。”[②] 1978 年，开始进行农村改革；1984 年，开始城市改革；1992 年，明确提出建立社会主义市场经济体制；中国走上了一条波澜壮阔的改革开放之路。在改革的推动下，中国在短短 30 多年间发生了翻天覆地的伟大进步，在 20 世纪末，提前实现了国民经济翻两番的目标；而到 2010 年，扣除价格因素，我国人均国民生产总值已经比 2000 年翻了一番多，我国进入了经济社会的快速增长期。

国际国内正反两个方面的历史经验雄辩地证明，实行改革开放是社会主义中国的强国之路，是决定当代中国命运的历史性决策。改革开放，是新时期中国最鲜明的特征。没有改革开放，就没有建设中国特色社会主义。

3. 改革是社会主义现代化建设的客观要求

大致从 17 世纪开始，随着近代资本主义的兴起，人类开始了走向现代化的进程。世界现代化的历史，也就是一部人类不断变革的历史。最先实现现代化的西方发达国家，在

---

① 毛泽东．毛泽东文集：第 7 卷．北京：人民出版社，1999：213－214.

② 邓小平．邓小平文选：第 3 卷．1 版．北京：人民出版社，1993：134.

长达数百年间，经历了政治、经济、文化的深刻变革：政治上推翻了封建地主阶级的统治；经济上建立起资本主义市场经济体制；文化上通过文艺复兴和启蒙运动等树立了一系列新思想、新观念、新价值。可以说，没有变革就没有人类的现代化。

近代中国半殖民地半封建社会，极大地阻滞了中国现代化的历史进程，也给中华民族提出了两大历史任务：一是求得民族独立和人民解放，二是实现国家繁荣富强和人民共同富裕、实现现代化。新中国的成立，标志着中华民族独立和解放的实现，也开辟了中国走向现代化的崭新道路。在新中国成立后的短短几年间，我们比较成功地完成了生产资料所有制的社会主义改造，初步建立了社会主义的经济基础，取得了巨大的成就。

1956年党的八大提出，我们党的主要任务是集中力量发展生产力。但在1957年以后，由于对当时的国际国内形势作出错误判断，党的指导思想发生了"左"的偏差，导致实际工作中完全背离了八大提出的正确理论和路线，直至发生"文化大革命"这样全局性的失误。这些原因再加上我们没有能够完全摆脱苏联模式的影响，形成了过分单一的所有制结构和僵化的经济体制，以及同这种体制相关联的权力过分集中和事实上的领导职务终身制的政治体制，客观上阻滞了社会主义现代化建设的顺利进行。

正是中国现代化建设进程所面临的严峻现实，促使我们党在"文化大革命"结束后围绕实现社会主义现代化的根本目标，深刻总结历史经验，并根据我国经济、政治、文化发展的客观实际，积极吸收、借鉴世界各国包括资本主义发达国家一切反映现代化规律的先进生产方式、管理办法，对那些不适应社会主义现代化建设要求的各种体制特别是经济体制进行改革。邓小平明确指出：为了实现现代化，"就必然要多方面地改变生产关系，改变上层建筑，改变工农业企业的管理方式和国家对工农业企业的管理方式，使之适应于现代化大经济的需要"①。"……如果现在再不实行改革，我们的现代化事业和社会主义事业就会被葬送。"② 邓小平对改革的必要性、改革的对象、目标、原则和方法等作了深刻阐述，提出了系统的改革构想，成为我国改革开放和社会主义现代化建设的总设计师。

党的十一届三中全会召开至今，中国共产党以巨大的政治勇气，锐意推进经济体制、政治体制、文化体制、社会体制、生态文明体制和党的建设制度改革，不断扩大开放，决心之大、变革之深、影响之广前所未有，成就举世瞩目。改革开放最主要的成果是开创和发展了中国特色社会主义，为社会主义现代化建设提供了强大动力和有力保障。事实证明，改革开放是决定当代中国命运的关键抉择，是党和人民事业大踏步赶上时代的重要法宝。

党的十八大以来，以习近平同志为核心的党中央再次强调，必须用发展和改革的办法解决前进中的问题。改革是社会主义现代化建设的客观需要。2013年11月党的十八届三中全会对全面深化改革作了战略部署，会议指出："改革开放是党在新的时代条件下带领全国各族人民进行的新的伟大革命，是当代中国最鲜明的特色"③。

三、处于并将长期处于社会主义初级阶段是我国最大的实际

1. 社会主义初级阶段的科学含义

党的十三大明确指出社会主义初级阶段包括两层含义：第一，我国社会已经是社会主

---

① 邓小平．邓小平文选：第2卷．2版．北京：人民出版社，1994：135-136.

② 同①：150.

③ 中共中央文献研究室．十八大以来重要文献选编（上）．北京：中央文献出版社，2014：511.

义社会，我们必须坚持而不能离开社会主义；第二，我国的社会主义社会还处在初级阶段。我们必须从这个实际出发，而不能超越这个阶段。前一层含义阐明的是初级阶段的社会性质，后一层含义则阐明了我国现实中社会主义社会的发展程度。

社会主义初级阶段的两层基本含义既相互区别又紧密联系，构成了一个具有特定内涵的新概念。这里所说的社会主义初级阶段，不是泛指任何国家进入社会主义都会经历的起始阶段，而是特指我国生产力发展水平不高、商品经济不发达条件下建设社会主义必然要经历的特定历史阶段，表明了社会主义初级阶段与建设中国特色社会主义历史进程的内在联系。

2. 社会主义初级阶段的主要特征

党的十五大更加全面地从现代化发展的水平、产业结构状况、经济运行方式、文化教育发展水平、人民富裕程度、地区发展状况、体制改革、精神文明建设及国际比较等方面，对社会主义初级阶段的特征作出新的概括，强调指出：社会主义初级阶段，一是逐步摆脱不发达状态，基本实现社会主义现代化的历史阶段；二是由农业人口占很大比重、主要依靠手工劳动的农业国，逐步转变为非农业人口占多数、包含现代农业和现代服务业的工业化国家的历史阶段；三是由自然经济半自然经济占很大比重，逐步转变为经济市场化程度较高的历史阶段；四是由文盲半文盲人口占很大比重、科技教育文化落后，逐步转变为科技教育文化比较发达的历史阶段；五是由贫困人口占很大比重、人民生活水平比较低，逐步转变为全体人民比较富裕的历史阶段；六是由地区经济文化很不平衡，通过有先有后的发展，逐步缩小差距的历史阶段；七是通过改革和探索，建立和完善比较成熟的充满活力的社会主义市场经济体制、社会主义民主政治体制和其他方面体制的历史阶段；八是广大人民牢固树立建设有中国特色社会主义共同理想，自强不息，锐意进取，艰苦奋斗，勤俭建国，在建设物质文明的同时努力建设精神文明的历史阶段；九是逐步缩小同世界先进水平的差距，在社会主义基础上实现中华民族伟大复兴的历史阶段。其中，第一条和第九条是对社会主义初级阶段基本特点和历史任务的总概括，其他七条是对社会主义初级阶段基本特点和历史任务在经济、政治、文化等各方面的展开。这九条充分体现了社会主义初级阶段历史发展的过程性特征。

党的十九大上，习近平同志用“两个没有变”概括了新时代中国特色社会主义的特点，即“我国社会主要矛盾的变化，没有改变我们对我国社会主义所处历史阶段的判断，我国仍处于并将长期处于社会主义初级阶段的基本国情没有变，我国是世界最大发展中国家的国际地位没有变”①。党和国家的政策方针必须要牢牢把握社会主义初级阶段这个基本国情，牢牢立足社会主义初级阶段这个最大实际，牢牢坚持党的基本路线这个党和国家的生命线、人民的幸福线，领导和团结全国各族人民，以经济建设为中心，坚持四项基本原则，坚持改革开放，自力更生，艰苦创业，为把我国建设成为富强民主文明和谐美丽的社会主义现代化强国而奋斗。

3. 科学认识和准确把握社会主义初级阶段的意义

建设中国特色社会主义必须从我国的实际出发，从我国现在处于并将长期处于社会主

① 习近平．决胜全面建成小康社会　夺取新时代中国特色社会主义伟大胜利——在中国共产党第十九次全国代表大会上的报告．人民日报，2017－10－28（1－5）．

义初级阶段这一最大的实际出发，而不能从主观愿望出发，不能从这样那样的外国模式出发，不能从对马克思主义著作中个别论断的教条式理解和附加到马克思主义名义下的某些错误观点出发。

社会主义初级阶段理论的提出具有重大的理论和实践意义。它是马克思主义关于社会主义发展阶段的新论断，是党制定和执行正确路线、方针、政策的基本依据。在坚持社会主义的问题上，只讲性质和方向，不讲程度和水平，或者只讲程度和水平，不讲性质和方向，都会使人们陷入盲目、不清醒的状态，发生“左”的或右的错误，使社会主义事业遭受挫折和损失。而对社会主义初级阶段基本内涵和过程性特征的统一认识和把握，则可以使我们更深刻地理解和掌握党在现阶段的基本理论、路线、纲领、方针和政策的科学性和正确性，保持清醒的头脑，坚定、自觉地把中国特色社会主义事业不断推向前进。

4. 我国社会主义初级阶段的长期性

从1956年生产资料私有制的社会主义改造基本完成算起，到21世纪中叶社会主义现代化的基本实现，社会主义初级阶段至少需要100年时间。邓小平曾指出：“现在虽说我们也在搞社会主义，但事实上不够格。”① 所谓“不够格”，也就是不够马克思所讲的“共产主义低级阶段”即社会主义阶段的“资格”。这种“不够格”，主要是在物质技术基础方面不够格，也表现在社会经济制度和上层建筑方面的不成熟、不完善。初级阶段的长期性，从根本上说是由中国进入社会主义的历史条件和建成社会主义所需要的物质基础所决定的。

四、邓小平对社会主义本质的新概括

1. 社会主义本质理论的提出

十一届三中全会以后，邓小平经过深邃的思考，创造性地对社会主义本质进行了新的概括，深化了对社会主义的认识。

为了推动全党对社会主义进行再认识，邓小平在1992年视察南方的谈话中提出了关于社会主义本质的科学论断：“社会主义的本质，是解放生产力，发展生产力，消灭剥削，消除两极分化，最终达到共同富裕。”②

邓小平同志的社会主义本质论断是一个完整的体系。从历史角度来看，“解放生产力，发展生产力”是起点。搞社会主义，首先要解放生产力和发展生产力，在解放生产力和发展生产力的过程中，通过改革开放，不断推进社会主义制度的自我发展和自我完善，逐步消灭剥削，消灭两极分化，使社会全体成员的物质和文化生活水平不断提高，最终达到共同富裕。从逻辑角度看，“解放生产力，发展生产力”是基础，是前提和根本。它是实现消灭剥削，消除两极分化，最终达到共同富裕的物质基础。“消灭剥削，消除两极分化”是条件，是途径。它是生产力充分发展的根本要求和必然结果，它制约、规范解放和发展生产力的方向、道路，使生产力的成果属于人民。同时，它又是达到共同富裕的制度条件，只有消灭剥削、消除两极分化，才能达到共同富裕。“最终达到共同富裕”是目标，是结果。解放和发展生产力、消灭剥削和消除两极分化的出发点和归宿，都是实现共同富裕。这三个基本方面是不可分割的有机体。

---

① 邓小平．邓小平文选：第3卷．1版．人民出版社，1993：225.

② 同①：373.

2. 社会主义本质理论的科学内涵

（1）突出地强调了发展生产力是社会主义的本质要求，体现了解放生产力和发展生产力的统一。邓小平对社会主义本质的科学概括，强调了在社会主义制度建立后发展生产力的重要性，邓小平认为："社会主义基本制度确立以后，还要从根本上改变束缚生产力发展的经济体制，建立起充满生机和活力的社会主义经济体制，促进生产力的发展，这是改革，所以改革也是解放生产力。"①

（2）突出了社会主义生产关系的性质。消灭剥削、消除两极分化是社会主义生产关系性质的体现，是实行公有制和按劳分配的必然结果。这就把社会主义的本质与坚持社会主义的基本制度统一起来。社会主义的本质不仅有对发展生产力的要求，而且必须在生产关系上得到体现。

（3）突出了社会主义最终要达到的目标。共同富裕是社会主义最终要达到的目标，也是社会主义的一个根本原则。如果我们的经济发展偏离了这一目标，就不符合社会主义的本质。因此，在社会主义的发展过程中，必须始终把握好这一根本原则。

总之，邓小平关于社会主义本质的论断，既包括了生产力的问题，又包括了生产关系的问题，同时还包括了社会主义最终要实现的目标，体现了解放生产力与发展生产力的统一、生产力与生产关系的统一、发展生产力与实现共同富裕的统一、目的与手段的统一、社会主义发展过程与最终目标的统一。

3. 认识社会主义本质理论的重要意义

邓小平坚持科学社会主义理论和实践的基本成果，抓住"什么是社会主义、怎样建设社会主义"这个根本问题，深刻揭示了社会主义本质，这是对马克思主义的重大发展，对于建设中国特色社会主义具有重大的理论和实践意义。

第一，社会主义本质理论把我们对社会主义的认识提高到了一个新的科学水平。社会主义本质理论的提出，把我们对社会主义的认识，从主要强调公有制、按劳分配等特征，进一步深入到理解实现共同富裕这个建设社会主义的根本目的和目标上。社会主义本质理论的提出，为判断改革开放的是非得失提供了强大的思想武器，有力地促进了社会主义现代化建设事业大踏步地向前发展。

第二，社会主义本质理论对探索怎样建设社会主义具有重要的实践意义。邓小平提出社会主义本质理论的针对性，一方面是过去只着重于关注巩固和扩大公有制、按劳分配和计划经济，把它当作目的本身，而忽视了更为基本的建设社会主义的根本目的和目标；另一方面是防止改革进程中可能出现的少部分人富而大部分人穷的两极分化和其他消极现象。这两种情况都不可能使我国的社会主义建设找到一条正确的道路。

总之，邓小平对社会主义本质所作的理论概括，对科学社会主义理论既是坚持和继承，又是发展和创新，为我们真正搞清楚什么是社会主义、怎样建设和发展社会主义这个问题，并在实践中创造出充满活力的社会主义奠定了科学的思想基础。

4. 社会主义本质理论的发展

邓小平坚持科学社会主义理论和实践的基本成果，抓住"什么是社会主义、怎样建设社会主义"这个根本问题，深刻揭示了社会主义本质，这是对马克思主义的重大发展，对

① 邓小平．邓小平文选：第3卷．1版．北京：人民出版社，1993：370.

于建设中国特色社会主义具有重大的理论和实践意义。

习近平总书记在十九大上指出：“明确中国特色社会主义最本质的特征是中国共产党领导，中国特色社会主义制度的最大优势是中国共产党领导，党是最高政治领导力量”①。处理好中国的问题，关键在党。党政军民学，东西南北中，党是领导一切的。可以说，没有党的坚强领导，就不可能把广大人民群众的积极性、主动性、创造性充分调动起来，也就不可能形成统一意志建设社会主义国家，社会主义民主的实现也就无从谈起，甚至会出现一盘散沙甚至动荡不安的局面。党的领导出现问题在我国历史上是有过惨痛的教训的。例如，“文化大革命”那种无法无天的“大民主”，最终使得绝大多数人丧失了民主权利；离开了党的领导的“绝对民主”，最终导致国家陷入了巨大混乱。在我国，全面推进依法治国，建设社会主义法治国家，都必须毫不动摇地坚持党的领导。只有坚持党的领导，依法治国才能沿着正确的方向向前发展。

五、和平与发展是当今的时代主题

所谓时代主题，是指在一定历史时期内反映世界基本特征并对世界形势的发展具有全局性影响和战略性意义的问题，就是一定历史条件下世界历史发展进程中需要解决的主要问题。科学认识和准确把握时代主题，是制定正确发展战略和内外政策的一个重要前提。

1. 毛泽东对第二次世界大战后国际形势的分析

如何判断世界范围的战争与和平问题，历来是观察和估量国际形势、制定和执行内外政策必须关注和解决的首要问题。第二次世界大战后，战争与和平问题成为国际社会所面临的突出问题。毛泽东分析战后国际形势，指出世界反动力量确在准备第三次世界大战，战争危险是存在着的，但是，世界人民的民主力量超过世界反动力量，并且正在向前发展，必须和必能克服战争危险。

2. 邓小平对时代主题的新判断

20 世纪 70 年代末以后，邓小平对世界形势的发展变化进行了深入的研究和分析，在战争与和平问题上逐渐形成了新的判断。1985 年，邓小平进一步指出：“现在世界上真正大的问题，带全球性的战略问题，一个是和平问题，一个是经济问题或者说发展问题。和平问题是东西问题，发展问题是南北问题。概括起来，就是东西南北四个字。南北问题是核心问题。”② 1987 年党的十三大确认了和平与发展是当今世界的两大主题这一深刻论断。

邓小平对时代主题的判断，有其深刻的内涵：第一，世界大战在一个相当长的时期内可以避免，我们有可能争取较长时期的和平环境；第二，和平与发展是当今世界两大带有全球性的战略问题；第三，和平与发展是当代世界东西方之间、南北发达国家与发展中国家之间矛盾全局的集中体现；第四，和平与发展是相辅相成的，世界和平是促进各国共同发展的前提条件，各国的共同发展则是保持世界和平的重要基础；第五，和平与发展成为时代主题，并不意味着这两个问题已经解决。同时要清醒地看到，当今世界和平与发展这两大问题一个都没有得到解决，还需要各国人民长期不懈的共同努力。

---

① 习近平．决胜全面建成小康社会　夺取新时代中国特色社会主义伟大胜利——在中国共产党第十九次全国代表大会上的报告．人民日报，2017-10-28（1-5）．

② 邓小平．邓小平文选：第 3 卷．1 版．北京：人民出版社，1993：105．

3. 习近平对时代特点的新定位

2017年10月，习近平在党的十九大报告中指出："经过长期努力，中国特色社会主义进入了新时代，这是我国发展新的历史方位。""中国特色社会主义进入新时代，意味着近代以来久经磨难的中华民族迎来了从站起来、富起来到强起来的伟大飞跃，迎来了实现中华民族伟大复兴的光明前景；意味着科学社会主义在二十一世纪的中国焕发出强大生机活力，在世界上高高举起了中国特色社会主义伟大旗帜；意味着中国特色社会主义道路、理论、制度、文化不断发展，拓展了发展中国家走向现代化的途径，给世界上那些既希望加快发展又希望保持自身独立性的国家和民族提供了全新选择，为解决人类问题贡献了中国智慧和中国方案。"①

中国特色社会主义进入了新时代是在对中国社会主要矛盾的新判断发生变化的基础上做出的，即"我国社会主要矛盾已经转化为人民日益增长的美好生活需要和不平衡不充分的发展之间的矛盾"。但是在十九大报告中用两个"没有变"阐述了"新时代"的特点："我国仍处于并将长期处于社会主义初级阶段的基本国情没有变，我国是世界最大发展中国家的国际地位没有变。"

所以，中国特色社会主义进入了新时代，仍然处于"和平与发展"的大的时代背景之中，处于"小时代"阶段性的变革之中。

六、社会主义也可以搞市场经济

1. 社会主义市场经济理论的形成和发展

以党的十一届三中全会为标志，中国进入了改革开放的新时期。经济体制改革的一个主要方面是正确认识和处理社会主义与市场经济的关系。20世纪70年代末80年代初的改革，在实践上为发展商品经济、遵循价值规律、发挥市场调节的作用提供了许多新鲜经验。实践的发展要求在理论上实现创新，以更好地推进改革向深入发展。

20世纪80年代后期，经济活动中市场调节的比重已超过了计划调节。中国经济体制改革一方面取得了很大的成就，另一方面也出现了许多的矛盾和困难，如何把社会主义事业推向前进，使之得到更快的发展，理论上需要有新的突破。在这样的背景下，邓小平坚持解放思想、实事求是的思想路线，在总结实践新经验、借鉴当代人类文明的有益成果的基础上，于1992年视察南方的谈话中明确指出："计划多一点还是市场多一点，不是社会主义与资本主义的本质区别。计划经济不等于社会主义，资本主义也有计划；市场经济不等于资本主义，社会主义也有市场。计划和市场都是经济手段。"② 邓小平的这一精辟论述，从理论上破除了计划经济和市场经济是制度属性的陈旧观念，从根本上解除了把计划经济和市场经济看作属于社会基本制度范畴的思想束缚，为形成社会主义市场经济理论奠定了坚实的基础。根据邓小平的这一思想，1992年6月9日江泽民在中央党校省部级干部进修班上的讲话中第一次提出了把"社会主义市场经济体制"作为要建立的新经济体制的建议。同年10月党的十四大报告明确把建立社会主义市场经济体制作为我国经济体制改

① 习近平．决胜全面建成小康社会 夺取新时代中国特色社会主义伟大胜利——在中国共产党第十九次全国代表大会上的报告．人民日报，2017－10－28（1－5）．

② 邓小平．邓小平文选：第3卷．1版．北京：人民出版社，1993：373．

革的目标，使我们党在社会主义经济理论上实现了又一次重大突破。

邓小平是社会主义市场经济理论的创立者。由他提出并经过党的十四大确立的关于社会主义市场经济的理论具有丰富的内涵。一是突破了过去公认的计划经济和市场经济是代表社会主义和资本主义两种经济制度本质属性的观念，认为它们都是经济手段。二是计划与市场作为调节经济的两种手段，对经济活动的调节各有自己的优势和长处，在社会化大生产和存在着复杂经济关系的条件下，市场经济对促进经济发展具有更强的适应性、更显著的优势和较高的效率。但两者都有自身的不足和缺陷，如计划经济不能有效解决效率和激励问题，市场经济的自发性、盲目性会引发恶性竞争、短期行为、道德缺失等。三是市场经济作为资源配置的一种方式本身不具有制度属性，但是，它与社会主义相结合而形成的经济体制则必须体现社会主义基本制度的特征。把发展市场经济与坚持社会主义基本制度有机结合起来，既可以充分发挥社会主义制度的优越性，又可以充分利用市场经济对发展生产力的作用。

2. 社会主义市场经济体制的基本特征

社会主义市场经济体制是社会主义基本制度与市场经济的结合。一方面它必然体现社会主义的制度特征，另一方面它又具有市场经济的一般特征。作为社会主义的制度特征，主要表现在以下几方面：一是在所有制结构上，以公有制为主体、多种所有制经济共同发展，一切符合“三个有利于”标准的所有制形式都可以而且应该用来为社会主义服务。二是在分配制度上，以按劳分配为主体、多种分配方式并存。三是在宏观调控上，以实现最广大劳动人民利益为出发点和归宿，社会主义国家能够把人民的当前利益与长远利益、局部利益与整体利益结合起来，使市场在社会主义国家宏观调控下对资源配置起基础性作用，更好地发挥计划和市场两种手段的长处，使社会主义的优势与市场经济的优势都能够得到充分发挥。

正确认识社会主义市场经济体制具有的特征，必须准确把握社会主义市场经济与资本主义市场经济的区别和联系。社会主义市场经济与资本主义市场经济就其都是市场经济而言，两者具有共性：从资源配置方式看，都是以市场为基础性配置手段；从微观层面看，企业都是独立的市场主体和法人实体；从经济活动看，市场经济规律起着支配作用；从宏观层面看，政府的宏观调控主要是通过经济手段来实现的；从经济运行看，法治起着基本的保障作用。这些共性是市场经济具有的一般特征和要求。社会主义市场经济也应该按照这些特征和要求来进行建设。正因为市场经济是具有共性的，所以，发达资本主义国家在发展市场经济过程中的一切有益的做法和经验都是值得我们借鉴和吸收的。

第二节 学习中国特色社会主义理论的若干方法

学习目标

能够运用相关学习方法进一步熟悉、记忆本节的主要内容，特别是基本概念。把握中

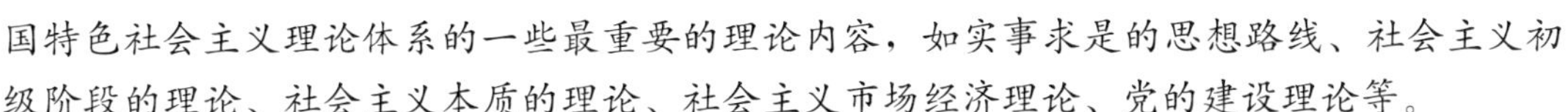

国特色社会主义理论体系的一些最重要的理论内容，如实事求是的思想路线、社会主义初级阶段的理论、社会主义本质的理论、社会主义市场经济理论、党的建设理论等。

学习内容提要

学习历史与逻辑的统一、逻辑解构记忆法、体验式学习法等方法。重点学习中国特色社会主义理论体系内在的逻辑构架和中国特色社会主义理论体系各个基本理论的基本内涵。

学习步骤

1. 就学习政治理论的若干具体方法，认真听教师讲解。

2. 根据授课内容，自行整理完成“中国特色社会主义理论体系”的总体框架图，并与老师、同学进行交流。

学习内容详解

一、把握中国特色社会主义理论体系的总体框架

1. 马克思主义与中国实际相结合的两大理论成果——毛泽东思想和中国特色社会主义理论体系

毛泽东思想是马克思主义中国化的第一个重大理论成果。它是马克思列宁主义在中国的运用和发展，是被实践证明了的关于中国革命和建设的正确的理论和经验总结，是中国共产党集体智慧的结晶。

中国特色社会主义理论体系，就是包括邓小平理论、“三个代表”重要思想、科学发展观以及习近平新时代中国特色社会主义思想重大战略思想在内的科学理论体系。这一理论体系的形成开始于邓小平理论。邓小平理论为形成中国特色社会主义理论体系奠定了坚实的基础。“三个代表”重要思想、科学发展观及习近平新时代中国特色社会主义思想重大战略都是在邓小平理论的基础上，坚持马克思主义的思想路线，总结改革开放新的实践经验，不断推进马克思主义中国化。它们既一脉相承又与时俱进，为实现国家繁荣富强和人民共同富裕这个历史任务提供科学的指导思想，因此，它们都是中国特色社会主义理论体系的有机组成部分，共同实现着马克思主义基本原理同中国具体实际相结合的第二次历史性飞跃。党的十八大以来，形成了习近平新时代中国特色社会主义思想。十九大报告指出：“新时代中国特色社会主义思想，是对马克思列宁主义、毛泽东思想、邓小平理论、‘三个代表’重要思想、科学发展观的继承和发展，是马克思主义中国化最新成果，是党和人民实践经验和集体智慧的结晶，是中国特色社会主义理论体系的重要组成部分，是全党全国人民为实现中华民族伟大复兴而奋斗的行动指南，必须长期坚持并不断发展。”[①]中国特色社会主义理论体系在实践中不断向前发展。

---

① 习近平．决胜全面建成小康社会　夺取新时代中国特色社会主义伟大胜利——在中国共产党第十九次全国代表大会上的报告．人民日报，2017-10-28 (1-5).

2. 中国特色社会主义的三大理论前提——实事求是的思想路线、社会主义本质理论、社会主义初级阶段理论

实事求是是马克思主义中国化理论成果的精髓。它贯穿于马克思主义中国化各个理论成果——毛泽东思想、邓小平理论、“三个代表”重要思想、科学发展观、习近平新时代中国特色社会主义思想形成发展的全过程，体现在这些成果的每一个方面。没有实事求是，就没有中国特色社会主义事业的蓬勃发展，就没有中国特色社会主义理论体系的形成。

邓小平在1992年视察南方的谈话中提出了关于社会主义本质的科学论断：“社会主义的本质，是解放生产力，发展生产力，消灭剥削，消除两极分化，最终达到共同富裕。”①社会主义本质的论断体现了解放生产力和发展生产力的统一，回答了什么是社会主义和怎样建设社会主义的重大理论问题。

我国处于并将长期处于社会主义初级阶段，是我国最基本的国情，是我国最大的实际。社会主义初级阶段理论是指引我们党制定正确的路线、方针、政策的基本依据。

3. 中国特色社会主义的发展战略——“三步走”战略、“两个一百年”奋斗目标、“两个十五年”发展阶段

一个国家的发展战略，是这个国家对较长时期内经济社会发展所作出的全局性的谋划。它在整个经济社会发展中具有全局性、长远性和根本性的特征。经济社会发展战略的制定，包括战略目标的确定、战略步骤的设计、战略重点的安排和战略方针的选择。战略目标是经济社会发展战略的关键，是指一个国家或地区在一定时期内的全局性奋斗目标。十一届三中全会以后，邓小平开始思考如何从中国具体国情出发研究四个现代化的进程问题。1987年4月，他在会见西班牙客人时，第一次使用“第一步”“第二步”“第三步”这样的提法，明确了分三步走、基本实现现代化的战略。根据邓小平的思想，同年10月，党的十三大把邓小平“三步走”的发展战略构想确定下来，指出我国经济发展战略部署大体分“三步走”：第一步，从1981年到1990年，实现国民生产总值比1980年翻一番，解决人民的温饱问题；第二步，从1991年到20世纪末，使国民生产总值再翻一番，达到小康水平；第三步，到21世纪中叶，国民生产总值再翻两番，达到中等发达国家水平，基本实现现代化。然后在这个基础上继续前进。

1997，党的十五大指出，中国“三步走”战略中的前两步已经提前完成，解决了人民的温饱问题，人民生活总体上已经达到小康水平。在即将进入21世纪，全力奋战“三步走”战略中的“第三步战略”时，将“第三步战略”中的50年分成两个阶段，提出了“两个一百年”奋斗目标：“第一个一百年”即到中国共产党成立100年时（2021年），全面建成小康社会；“第二个一百年”即到新中国成立100年时（2049年），建成富强、民主、文明、和谐的社会主义现代化国家。

党的十八大以来，以习近平同志为核心的党中央坚持稳中求进，协调推进“四个全面”战略布局，提出了一系列重大战略，紧紧围绕全面建成小康的“第一个一百年”奋斗目标前行。2017年10月，党的十九大在北京胜利召开。十九大是在“两个一百年”的第一个一百年奋斗目标期限将近，全面建成小康社会进入决胜阶段，中国的“十三五”规划即将开局的大背景下召开的。在此次会议上提出了“两个十五年”发展阶段目标，即在

---

① 邓小平．邓小平文选：第3卷．1版．北京：人民出版社，1993：373.

2020 年全面建成小康社会、实现第一个百年奋斗目标的基础上，再奋斗 15 年，在 2035 年基本实现社会主义现代化；从 2035 年到本世纪中叶，在基本实现现代化的基础上，再奋斗 15 年，把我国建成富强民主文明和谐美丽的社会主义现代化强国①。

中国特色社会主义的三个发展战略成为引领中国经济发展的战略指导，按照三个发展战略的要求规划我国经济社会发展，必将在本世纪中叶实现中华民族伟大复兴的历史目标。

4. 中国特色社会主义的历史使命——建设富强民主文明和谐美丽的社会主义现代化国家；“一国两制”实现祖国的完全统一；构建人类命运共同体

建设“富强民主文明和谐美丽的社会主义现代化国家”是基本路线规定的党在社会主义初级阶段的奋斗目标，体现了社会主义社会的经济、政治、文化和社会全面发展的要求。“富强”是经济领域的目标和要求；“民主”是政治领域的目标和要求；“文明”是思想文化领域的目标和要求；“和谐”是社会领域的目标和要求；美丽是生态领域的目标和要求。如果把广义的文明理解为人类文化的进步，理解为社会进步和发展状况的标志，那么富强、民主、文明、和谐、美丽的奋斗目标就在现实中表现为物质文明、政治文明、精神文明、社会文明、生态文明的统一。

“一国两制”构想是充分尊重历史和现实、照顾各方面利益、维护民族团结、实现祖国完全统一和民族伟大复兴的战略构想。“一国两制”构想丰富和发展了马克思主义，具有重大的意义。“一国两制”构想就是在一个中国的前提下，国家的主体坚持社会主义制度；香港、澳门、台湾是中国不可分割的部分，它们作为特别行政区保持原有的资本主义制度长期不变。在国际上代表中国的，只能是中华人民共和国。具体来说，“一国两制”构想包含一个国家、两种制度并存、和平统一但不承诺放弃使用武力、高度自治等十个方面内容。

2017 年 10 月，党的十九大在北京胜利召开，会上习近平指出，“我们呼吁，各国人民同心协力，构建人类命运共同体，建设持久和平、普遍安全、共同繁荣、开放包容、清洁美丽的世界。要相互尊重、平等协商，坚决摒弃冷战思维和强权政治，走对话而不对抗、结伴而不结盟的国与国交往新路。要坚持以对话解决争端、以协商化解分歧，统筹应对传统和非传统安全威胁，反对一切形式的恐怖主义。要同舟共济，促进贸易和投资自由化便利化，推动经济全球化朝着更加开放、包容、普惠、平衡、共赢的方向发展。要尊重世界文明多样性，以文明交流超越文明隔阂、文明互鉴超越文明冲突、文明共存超越文明优越。要坚持环境友好，合作应对气候变化，保护好人类赖以生存的地球家园。”②

5. 建设中国特色社会主义的领导力量和依靠力量——中国共产党和中国人民

中国共产党的执政地位是历史和人民的选择。2011 年胡锦涛在“七一讲话”中指出：“回顾 90 年中国的发展进步，可以得出一个基本结论：办好中国的事情，关键在党。”没有共产党，就没有新中国；有了共产党，中国的面貌就焕然一新。中国共产党的执政地位是在长期革命斗争中逐步形成的，是近现代中国历史发展的必然，是人民的选择。历史的主体是人民，历史的选择最终要通过人民的选择来实现。人民群众之所以信任、选择和支

---

①② 习近平．决胜全面建成小康社会 夺取新时代中国特色社会主义伟大胜利——在中国共产党第十九次全国代表大会上的报告．人民日报，2017-10-28 (1-5).

持中国共产党，就是因为共产党是为人民服务的，是能够满足人民需要的。

第一，坚持中国现代化建设的正确方向，需要中国共产党的领导。只有坚持中国共产党的领导，走中国特色社会主义道路，才能保证现代化建设事业的正确方向，才能制定和执行正确的路线方针政策，保证现代化建设事业不断取得进步，最终实现中华民族的伟大复兴。

第二，维护国家统一、社会和谐稳定，需要中国共产党的领导。在新世纪新阶段，中国共产党作为中国各族人民根本利益的忠实代表，以科学理论为指导，凭借其丰富的执政经验和驾驭全局的能力，统筹经济社会等各方面发展，努力构建社会主义和谐社会，能够维护国家统一和社会和谐稳定。

第三，正确处理各种复杂的社会矛盾，把亿万人民团结凝聚起来，共同建设美好未来，需要中国共产党的领导。在中国，只有共产党才能总揽全局，协调各方，正确处理人民内部矛盾，顺利解决前进中的各种困难和问题，才能凝聚人心、汇聚力量，推进现代化建设事业顺利前进。

第四，应对复杂的国际环境的挑战，需要中国共产党的领导。当前，经济全球化和世界多极化在曲折中发展，科学技术发展日新月异，综合国力的竞争日趋激烈，敌对势力仍然对我国实施“西化”、分化战略。在复杂的国际局势下，只有以坚强的政治核心把全国各族人民团结起来，才能保证我国真正走独立自主的和平发展道路，而不受制于人。中国共产党就是这样一个能够把人民组织起来、团结起来、走和平发展道路的政治核心。

十九大指出，中国特色社会主义最本质的特征是中国共产党领导，中国特色社会主义制度的最大优势是中国共产党领导，党是最高政治领导力量，提出新时代党的建设总要求，突出政治建设在党的建设中的重要地位。人民是历史的创造者，是决定党和国家前途命运的根本力量。必须坚持人民主体地位，坚持立党为公、执政为民，践行全心全意为人民服务的根本宗旨，把党的群众路线贯彻到治国理政全部活动之中，把人民对美好生活的向往作为奋斗目标，依靠人民创造历史伟业。

二、若干具体方法

1. 历史与逻辑的统一

对一切社会历史问题进行理论演绎时，不仅其思维的表达要符合逻辑，而且还要经得起历史事实的检验。历史从哪里开始，逻辑就从哪里开始。具体说来，就是在研究历史的理论思维中，思想的逻辑发展必须和历史的客观发展相一致，必须绝对尊重历史的真实。也只有建立在历史真实基础之上的逻辑才是科学的，才是对“历史过程在抽象的、理论上前后一贯的形式上的反映”[①]。这就是历史与逻辑的统一。这一原理，是整个马克思主义理论体系贯穿始终的最基本的原则之一，也是用于检验任何历史理论真伪的最基本的标准。

学习中国特色社会主义理论体系，当然首先是学习其基本的逻辑表达，即首先熟悉这一理论体系的一系列基本概念、范畴等。但对这一理论的深刻而正确的理解，则是需要建立在对历史事实客观把握的基础上的。譬如，近百年来中国的发展进步已经证明了中国选

① 马克思，恩格斯．马克思恩格斯选集：第 2 卷．3 版．北京：人民出版社，2012：14．

择马克思主义、选择中国共产党、选择社会主义和选择改革开放的必然性。但我们要理性地接受这一结论，则必须从历史与逻辑相统一的高度来加以掌握，即一方面要熟悉已经发生的客观的历史事实，另一方面又要从这些事实中进行理论的升华，从而得到正确的结论。在这一过程中，脱离了基本事实的逻辑是没有力量的理论，而脱离了逻辑的“事实”也是无意义的事实。

这里，就让我们用一个理论分析的案例来加深同学们的理解吧：

譬如，台湾一些像李登辉那样的民族败类，为了实现“台湾独立”、分裂祖国的罪恶图谋，竟然公开地美化日本对台湾的侵略和占领，甚至恬不知耻地说，日本对台湾长达50年的殖民统治是“造福台湾人民”。无独有偶，在大陆，也有一些极力鼓吹资产阶级自由化的人，炮制了一系列全盘否定社会主义制度的政治理论。1989年北京政治风波中的“风云人物”刘晓波等人鼓噪一时的“殖民侵略有功论”就是其中之一。这一理论的逻辑立论点是首先臆造了一个世界性的超越了民族国家的所谓代表人类进步的笼统的资产阶级，从而把18、19世纪资本主义国家对外发动的殖民战争统统地说成是“代表先进生产方式的资本主义制度取代腐朽落后的封建制度的历史变革”，把帝国主义对中国在历史上的侵略说成是“外国资产阶级对中国内部封建势力的征战”。① 按照这种逻辑来推论，帝国主义的侵略是促进了中国社会的发展，中国人民的反抗倒成了历史前进的障碍。所以，刘晓波才赤裸裸地宣称：“中国要富强，必须殖民地三百年。”并且把所有反对他们这一论调的人斥为“狭隘的民族主义感情”。

而令人遗憾的是，这样一种彻头彻尾的卖国主义理论竟然对不少的大学生颇具蛊惑性。笔者在教学过程中确有遇到学生虽然幼稚但也很真诚地发问：如果当年中国不进行抗日战争，我们今天会不会像日本人一样富有？对于学生的提问，仅仅是采取简单的批判态度是不够的。这里，我们暂且不论“殖民侵略有功论”这样的完全抹杀了千百万中国人民壮烈抗敌伟大功绩的论调，是多么地令每一个有着民族自尊心的中国人感到愤慨和厌恶；就让我们冷静地来探究一下，这种幻想通过充当帝国主义殖民地而使国家富强的理论是否真有可能实现。

“殖民侵略有功论”虽然披上了一层似是而非的逻辑外衣，也确曾欺骗了一些人，但只要我们懂得并运用马克思主义理论的逻辑必须与历史相统一的原则方法来加以剖析，就不难从根本上揭露它的荒谬本质。

实际上，这种论调的一个基本手法就是完全置历史真实于不顾，主观、孤立地运用逻辑方法来杜撰理论。而只要我们对资本主义殖民战争的产生和发展，做概括地、历史地考察，在综合了全部历史事实的基础上逻辑地再现资本主义与殖民战争的历史关系，所谓的“殖民侵略有功论”就露出了它荒谬的本质。对资本主义发展历史的考察，告诉了我们这样一个无可辩驳的事实：在资本主义发展史上，从来不存在任何一个脱离了民族和国家的所谓代表全人类文明利益的笼统的资产阶级。相反，资本主义在近代的崛起都是以具体的独立的民族国家为其形式的。英国、法国、美国、日本……无一不是如此。在这些最先发展起来的资本主义国家中，其资本原始积累能够迅速发展，无论是对内的剥削和对外的掠夺，都必须以强大的资产阶级民族国家作为后盾。比如，英国历史上极为残酷的“圈地运

① 周清泉．站在世界史的高度看问题．成都师范大学学报，1985（3）。

动”就是国家以强制手段剥夺本国农民，使之成为丧失一切生产资料的雇佣劳动力。同时，国家又积极地以武力发动殖民战争，寻找殖民地作为倾销工业品、获取廉价资源和劳动力、榨取巨额利润的对象。甚至在这些资本主义国家之间，为了争夺殖民地，也常常爆发你死我活的战争。很显然，18、19 世纪（乃至于当代）的世界，仍然没有脱离民族国家的历史范畴（尽管世界确实有着越来越广泛的联系）。因此，资本主义国家对外发动的殖民战争，绝不是以“先进的生产方式去代替殖民地国家内部的封建统治”，绝不是为了让这些国家也发展成为独立的资本主义国家，恰恰相反，是以牺牲被侵略国的社会进步来换取侵略者自身的利益。在中国近代史上，帝国主义列强同清王朝相勾结，共同镇压太平天国运动等人民革命运动的史实，就是一个明证。

列宁在《论民族自决权》一文中对民族国家的意义作了非常精辟的论述。列宁注意到，为什么在 19 世纪，亚洲只有日本一个国家发展成为资本主义？原因当然很多，但其中一个至关重要的因素就是日本较好地保留了一个完整的独立的民族国家形式。日本在 19 世纪上半叶曾经与中国有着近似的状况，也曾采取闭关锁国的政策，在 1823—1843 年间先后颁发了所谓的“锁国令”和“禁海令”。然而，由于日本比较特殊的地理位置，在当时主要的资本主义列强由西向东的殖民侵略中，它躲到了印度、中国这样一些亚洲国家的后面。所以当印度、中国遭到殖民侵略的时候，日本还可以说是一个世外桃源。直到 1853 年，一个叫佩里的美国海军上校指挥四艘美国军舰，凭借“坚船利炮”，一举打到了日本的咽喉——浦贺港，才逼迫日本签订了不平等的《日美神奈川条约》。但当时可以说是唯一能够威胁日本的太平洋国家——美国的力量还不足以征服日本，而其后发生的美国南北战争又使得它腾不出手来。就在这一期间，也就是 19 世纪 60 年代，欧洲爆发了第二次普法战争，英国正忙于应付克里米亚战争，从而留下了一个资本主义殖民侵略的缝隙。而日本也正是抓住了这个难得的时机，通过 1868 年的“明治维新”，作为一个完整的独立的民族国家走上了资本主义道路。相反，像印度、中国这样一些亚洲国家，其民族国家的基本形式则遭到了极大的破坏，印度完全沦为了英国的殖民地，中国经过 1840 年的第一次鸦片战争和 1856—1860 年的第二次鸦片战争后也陷入了半殖民地的境地。翻开 1840 年以来的中国近代史，就是一部血泪斑斑的帝国主义侵略、压迫史。从 1840 年到 1936 年，英、法、美、日等帝国主义国家完成了对中国工业的垄断，几乎完全摧垮了中国的民族资产阶级。它们垄断了中国铁产量的 95%、煤产量的 70%、棉布产量的 64%①，加上连年的割地赔款、大量的资源外流、政治军事的压迫，使中国的民族独立被破坏、主权被践踏、人民被奴役，这样的结果，无疑只能使中国丧失发展成为资本主义国家的条件。帝国主义对殖民地人民的残酷压迫和掠夺，就如同马克思在分析英国对印度的殖民统治时所指出的那样：“当我们把目光从资产阶级文明的故乡转向殖民地的时候，资产阶级文明的极端伪善和它的野蛮本性就赤裸裸地呈现在我们面前，它在故乡还装出一副体面的样子，而在殖民地它就丝毫不加掩饰了。”② 殖民者的残酷压榨，无疑只能使一切殖民地、半殖民地国家丧失发展成为资本主义的条件。为此，列宁深刻指出：“民族国家对于整个西欧，甚至对于整个文明世界，都是资本主义时期典型的正常的国家形式。”③ “民族国家无疑是保证资本

① 冯玉忠．中国革命与建设的基本问题．沈阳：辽宁人民出版社，1985：9.

② 马克思，恩格斯．马克思恩格斯选集：第 1 卷．3 版．北京：人民出版社，2012：861 - 862.

③ 列宁．列宁选集：第 2 卷．中文 2 版．北京：人民出版社，1995：371.

主义发展的最好的条件。”①

事实胜于雄辩。任何一种历史理论，不论其“听”起来是多么合乎逻辑，但如果这种逻辑经不起与最起码的历史事实相对照，它就只能是一种毫无科学价值的逻辑上的诡辩。

2. 逻辑解构记忆法

这一方法是将一个理论概念首先进行一种逻辑结构的分解，再经过学习者的思考，有意识地从逻辑结构上重新组合，从而得到一个更深刻的理解和记忆。

譬如，依法治国的概念表述如下：广大人民群众在党的领导下，依照宪法和法律规定，通过各种途径和形式管理国家事务，管理经济文化事业，管理社会事务，保证国家各项工作都依法进行，逐步实现社会主义民主的制度化、法律化，使这种制度和法律不因领导人的改变而改变，不因领导人看法和注意力的改变而改变。

对这一概念，如果我们在学习时能够先作一个逻辑结构上的分解，再对应地进行理解和记忆，就能得到很好的学习效果。这一结构是这样的：(1) 谁来依法治国？即依法治国的主体——广大人民群众在党的领导下。(2) 依什么法？——依照宪法和法律规定。(3) 治什么国？即依法治国的客体——通过各种途径和形式管理国家事务，管理经济文化事业，管理社会事务。(4) 依法治国的目标——保证国家各项工作都依法进行，逐步实现社会主义民主的制度化、法律化。(5) “两个不改变”——不因领导人的改变而改变，不因领导人看法和注意力的改变而改变。

运用这样的方法，同学们是否感到记忆变得容易和深刻了呢？大家不妨举一反三，在学习中加以实践。

3. 体验式学习法

人类的体验方式不外乎有两种基本形式。一种叫做直接体验。如同毛泽东所说过的那样，要想知道梨子的滋味，就亲口尝一尝梨子。直接体验其实就是一种直接的感性的实践活动，它对人的认知形成是非常重要的。正如古人所说：读万卷书，行万里路。因此，青年学生要积极参加社会实践，在具体真实的社会生活中去体验、去感悟。

但是，由于受到种种客观条件的制约，人们又不可能事事都做到直接体验，譬如对于已经消逝的历史。此时，另一种同样重要的体验方式——间接体验，就可以派上用场了。其实，书面学习和课堂学习都是一种间接体验的方法。但这里所要强调的间接体验，是希望同学们在学习理论知识时，能够尽可能地运用自己已有的历史知识，模拟自己在特定的历史背景中，用一种感同身受的思考来体味相关的理论知识。

资料小链接

视频资料：“党的思想路线的重新确立”（见大型文献纪录片《邓小平》）

视频内容： 1976 年 10 月，以华国锋为首的党中央一举粉碎了“四人帮”，结束了长达 10 年的“文化大革命”，使党和国家的历史进入了一个新的发展时期。但在粉碎“四人帮”后的很长时间内，华国锋等人仍然在相当程度上延续着“文化大革命”的错误理论和毛泽东晚年的一些重要错误。1977 年 2 月 7 日，经华国锋批准，《人民日报》、《红旗》杂

① 列宁．列宁选集：第 2 卷．中文 2 版．北京：人民出版社，1995：374.

志和《解放军报》都发表了题为《学好文件抓住纲》的社论，公开提出了“凡是毛主席作出的决策，我们都坚决维护；凡是毛主席的指示，我们都始终不渝地遵循”的“两个凡是”错误方针。“两个凡是”错误方针成为“文化大革命”结束之后纠正“文化大革命”错误的最大障碍。要从根本上推动拨乱反正，实现历史性转折，首先要打破“两个凡是”的藩篱。1977 年 5 月 24 日，邓小平在同中央两位同志的谈话中指出：“‘两个凡是’不行。按照‘两个凡是’，就说不通为我平反的问题，也说不通肯定一九七六年广大群众在天安门广场的活动‘合乎情理’的问题。”[①] 坚持和反对“两个凡是”双方的分歧，实质上是思想路线的分歧，焦点是一切从实际出发，用实践作为检验真理的标准，还是以领袖的指示言论为标准，以此来剪裁丰富的社会实践。从 1977 年下半年开始，少数思想比较活跃的理论工作者逐渐提出了以实践作为检验真理的标准的思想。1978 年 5 月 10 日，《理论动态》第 60 期发表了由南京大学哲学系教师胡福明撰写，经中央党校理论研究室主任吴江和《光明日报》社主编杨西光等人修改，最后由胡耀邦审定的文章——《实践是检验真理的唯一标准》。5 月 11 日，《光明日报》在第一版下半部和第二版上半部以通栏标题、正文楷体字全文刊出，署名为“本报特约评论员”。当天，新华通讯社将文章转发。5 月 12 日，《人民日报》《解放军报》等报纸转载此文。接着，很多省、市、自治区的报纸也陆续转载了这篇文章。《实践是检验真理的唯一标准》全文约 6 600 字，分为以下四个部分：“检验真理的标准只能是社会实践”；“理论与实践的统一是马克思主义的一个最基本的原则”；“革命导师是坚持用实践检验真理的榜样”；“任何理论都要不断接受实践的检验”。《实践是检验真理的唯一标准》论述的是马克思主义认识论的基本道理，从理论本身来说并没有多少创新，它的可贵之处就在于有着很强的现实针对性，从根本理论上否定了“两个凡是”的方针。因此，文章发表后，一方面受到了广大干部群众的欢迎，另一方面也受到了提出、推行和赞成“两个凡是”方针的一些人的严重责难。当时党的主要领导同志认为这篇文章的发表，很明显，就是要丢刀子，就是要砍旗。一时间，对《实践是检验真理的唯一标准》一文的种种责难，使胡耀邦等人受到了极大的政治压力，刚刚开始的真理标准问题讨论面临着夭折的危险。关键时刻，邓小平同志说话了。5 月 30 日，邓小平在同几位负责人的谈话中尖锐指出：“毛泽东思想最根本的、最重要的东西就是实事求是。现在，连实践是检验真理的标准都成了问题，简直是莫名其妙！”[②] 6 月 2 日，邓小平在全军政治工作会议上发表了重要讲话。他指出：“马列主义、毛泽东思想的基本原则，我们任何时候都不能违背，这是毫无疑义的。”[③]“但是，我们也有一些同志天天讲毛泽东思想，却往往忘记、抛弃甚至反对毛泽东同志的实事求是、一切从实际出发、理论与实践相结合的这样一个马克思主义的根本观点，根本方法。不但如此，有的人还认为谁要是坚持实事求是，从实际出发，理论和实践相结合，谁就是犯了弥天大罪。……他们提出的这个问题不是小问题，而是涉及到怎么看待马列主义、毛泽东思想的问题。”[④]

在邓小平等老一辈革命家的支持下，在胡耀邦等的组织、推动下，真理标准问题的讨论得以全面展开。真理标准问题的大讨论，冲破了“两个凡是”的严重束缚，推动了全国性的

---

① 邓小平．邓小平文选：第 2 卷．2 版．北京：人民出版社，1994：38.

② 冷溶，汪作玲．邓小平年谱（1975—1997）（上）．北京：中央文献出版社，2004：320.

③④ 同①：114.

马克思主义思想解放运动，为我们党重新确立实事求是的思想路线奠定了坚实的理论基础。

1978 年 12 月举行了党的十一届三中全会，会议高度评价了关于实践是检验真理的唯一标准问题的讨论，认为这对于促进全党同志和全国人民解放思想、端正思想路线，具有深远的历史意义。“一个党，一个国家，一个民族，如果一切从本本出发，思想僵化，迷信盛行，那它就不能前进，它的生机就停止了，就要亡党亡国。”[①] 以十一届三中全会的召开为标志，党的实事求是思想路线得到了重新确立。

教师点评：

通过观看这一视频，我们对党的实事求是思想路线重新确立的背景和过程有了一个大致的了解。概括起来，这一个过程主要分三个阶段：第一个阶段是对“两个凡是”的批评，邓小平认为，“两个凡是”既不符合马克思列宁主义，也不符合毛泽东思想；第二个阶段是邓小平对“真理标准大讨论”的领导和支持，邓小平强调，实践是检验真理的唯一标准；第三阶段是以党的十一届三中全会的召开为标志重新恢复和确立了实事求是思想路线。

练习题

一、单项选择题

1. 在我们党的历史上，实事求是思想路线得到确立是在：(　　)。

A. 古田会议　　B. 遵义会议

C. 延安整风和党的七大　　D. 党的十一届三中全会

2. 被称为邓小平关于解放思想的第一个宣言书的重要文献是：(　　)。

A.《“两个凡是”不符合马克思主义》

B.《高举毛泽东思想旗帜，坚持实事求是的原则》

C.《解放思想，实事求是，团结一致向前看》

D.《在武昌、深圳、珠海、上海等地的谈话要点》

3.《中国共产党章程》所明确规定的我们党的思想路线的基本表述是：(　　)。

A. 解放思想　实事求是　与时俱进

B. 理论联系实际　一切从实际出发　具体问题具体分析

C. 一切从实际出发　理论联系实际　实事求是　在实践中检验真理和发展真理

D. 解放思想　实事求是　与时俱进　求真务实

4. “与时俱进”是马克思主义最重要的：(　　)。

A. 理论特征　　B. 理论本质　　C. 理论品质　　D. 理论精髓

5. 党的思想路线强调“一切从实际出发”，在现阶段我国最大的实际就是：(　　)。

A. 我国处于并将长期处于社会主义初级阶段

B. 我国是一个经济文化总体上落后的国家

C. 我国是社会主义国家

D. 我国是具有中国特色的社会主义国家

① 邓小平．邓小平文选：第 2 卷．2 版．北京：人民出版社，1994：143.

6. 所谓社会主义初级阶段：（　　）。

A. 是指任何国家发展社会主义都必然要经历的起始阶段

B. 特指我国从新中国成立到改革开放前的发展阶段

C. 特指我国实行改革开放以来的发展阶段

D. 特指我国从社会主义改造完成到 21 世纪中叶至少 100 年的发展阶段

7. 中国共产党在社会主义初级阶段的基本路线的简明概括是：（　　）。

A. 坚持“一个中心，两个基本点”　　B. 坚持四项基本原则

C. 坚持发展生产力　　D. 坚持改革开放

8. 坚持党的基本路线一百年不动摇，决定于：（　　）。

A. 我国社会主义现代化建设的艰巨性

B. 我国社会主义初级阶段主要矛盾存在的长期性

C. 我国社会主义初级阶段存在的长期性

D. 社会主义全面取代资本主义社会的长期性

9. 邓小平对社会主义本质作出新概括是在：（　　）。

A. 1978 年中央工作会议上的讲话　　B. 1981 年党的十一届六中全会决议

C. 党的十二大开幕式致词　　D. 1992 年视察南方时的谈话

10. 社会主义的根本任务是：（　　）。

A. 发展生产力

B. 不断提高和改善人民生活

C. 建设富强民主文明和谐美丽的社会主义现代化强国

D. 提高中国的综合国力

11. 邓小平理论首要的基本理论问题是：（　　）。

A. 解放思想　实事求是

B. 解放生产力　发展生产力

C. 以经济建设为中心

D. 什么是社会主义　怎样建设社会主义

12. 我们探讨什么是社会主义，其实就是探讨：（　　）。

A. 社会主义的发展道路　　B. 社会主义的本质

C. 社会主义的发展模式　　D. 社会主义的发展规律

13. 评价一种社会制度是否优越，从根本上说是看其：（　　）。

A. 能否消灭剥削现象　　B. 能否实现社会公正

C. 能否实现共同富裕　　D. 能否促进生产力的发展

14. 邓小平说：“社会主义的本质就是解放生产力，发展生产力，消灭剥削，消除两极分化，最终实现共同富裕。”这里，要消灭剥削和消除两极分化的必然途径是：（　　）。

A. 坚持社会主义公有制的主体地位　　B. 坚持中国共产党的领导

C. 坚持改革开放　　D. 坚持以经济建设为中心

15. 党的基本路线提出我们要建设富强民主文明和谐美丽的社会主义现代化强国，这里的“文明”是指：（　　）。

A. 物质文明

B. 政治文明

C. 精神文明

D. 物质文明、政治文明和精神文明的有机统一

16. 市场经济是指市场在配置资源的过程中发挥着：（ ）。

A. 决定性作用 B. 基础性作用 C. 先导性作用 D. 全局性作用

17. 贯穿中国革命、建设和改革始终的根本问题是：（ ）。

A. 党的领导问题 B. 农业、农村、农民问题

C. 革命道路问题 D. 政策和策略问题

18. 我们党作出进行社会主义市场经济体制改革的重大决定是在：（ ）。

A. 党的十二大 B. 党的十三大 C. 党的十四大 D. 党的十五大

19. 建设社会主义市场经济体制的关键问题是：（ ）。

A. 正确处理计划与市场的关系

B. 正确处理公有制的主体地位与发展非公经济的关系

C. 正确处理市场主体的产权归属

D. 正确处理市场经济的负面效应

20. 计划经济与市场经济在本质上属于：（ ）。

A. 不同社会经济制度的范畴

B. 不同的经济发展方式的范畴

C. 不同的生产关系范畴

D. 不同的资源配置方式范畴

21. 坚持公有制的主体地位就是要：（ ）。

A. 公有经济控制国民经济命脉

B. 国有经济控制国民经济命脉

C. 人民政府控制国民经济命脉

D. 混合经济中的公有成分控制国民经济命脉

22. 我们党确定的社会主义初级阶段基本经济制度是：（ ）。

A. 社会主义生产资料公有制

B. 以公有制为主体，多种所有制经济共同发展

C. 以按劳分配为主体，多种分配方式并存

D. 联产承包责任制

23. 以下具有雇佣性质的经济组织形式是：（ ）。

A. 股份制经济 B. 集体经济 C. 私营经济 D. 个体户

24. 我国的根本政治制度是：（ ）。

A. 人民民主专政

B. 人民代表大会制度

C. 共产党领导的多党合作和政治协商制度

D. 民族区域自治制度

25. 按照宪法规定，全国人民代表大会是国家的：（ ）。

A. 最高权力机关 B. 最高行政机关 C. 最高政权机关 D. 最高司法机关

26. 我国宪法规定，我国是人民民主专政的社会主义国家，这表明：（ ）。
A. 人民民主专政是我国的国体
B. 人民民主专政是我国的政体
C. 人民民主专政是我国的根本制度
D. 人民民主专政是我国的基本制度
27. 发展社会主义民主，最根本的是：（ ）。
A. 充分发挥人民的主人公作用
B. 有领导有步骤地推进社会主义政治体制改革
C. 有序扩大人民民主
D. 坚持党的领导、人民当家做主和依法治国的统一
28. 关于“依法治国”的基本概念，以下说法中错误的是：（ ）。
A. 依法治国所依之法就是宪法和法律
B. 依法治国就是要逐步实现社会主义民主的制度化、法律化
C. 依法治国就是国家的全部工作都要制定和执行法律
D. 依法治国是我国的治国方略
29. 被中国共产党视为首要人权的是：（ ）。
A. 人的自由权利　　B. 人的政治权利
C. 人的生存权和发展权　　D. 人的生命权
30. 胡锦涛对社会主义民主重要性的基本判断是：（ ）。
A. 没有民主就没有社会主义
B. 没有民主就没有社会主义现代化
C. 人民民主是共产党跳出“人亡政息”周期律的法宝
D. 人民民主是社会主义的生命
31. 社会主义精神文明建设的根本任务是：（ ）。
A. 为社会主义现代化建设提供智力支持和精神保障
B. 为人的全面发展提供根本条件
C. 提高整个中华民族的思想道德素质和科学文化素质
D. 提高社会主义国家的文化软实力
32. 社会主义道德建设的重点是：（ ）。
A. 为人民服务　　B. 诚实守信　　C. 集体主义　　D. 爱国主义
33. 在中华民族的历史上，有精卫填海、夸父追日、大禹治水等历史传说，它们生动地体现了中华民族：（ ）。
A. 团结统一的精神　　B. 爱好和平的精神
C. 勤劳勇敢的精神　　D. 自强不息的精神
34. 社会主义核心价值体系的灵魂是：（ ）。
A. 马克思主义的指导
B. 建设中国特色社会主义的共同理想
C. 民族精神和时代精神
D. 社会主义荣辱观

35. 社会主义意识形态的本质体现是：(　　)。
A. 发展社会主义先进文化
B. 坚持马克思主义在意识形态领域的指导地位
C. 建设社会主义精神文明
D. 建设社会主义核心价值体系
36. 建设社会主义和谐社会的重点是：(　　)。
A. 保障和改善民生　　B. 加强社会管理，维护社会稳定
C. 健全和完善社会保障制度　　D. 最大限度消除各种不和谐因素
37. 建设社会主义和谐社会的首要要求是：(　　)。
A. 公平正义　　B. 诚信友爱　　C. 安定有序　　D. 民主法治

二、多项选择题

1. 邓小平对社会主义本质理论的新概括，其主要内容是：(　　)。
A. 解放生产力，发展生产力
B. 消灭剥削，消除两极分化
C. 坚持社会主义公有制的主体地位
D. 最终达到共同富裕
2. 邓小平对社会主义本质的新概括体现了：(　　)。
A. 解放生产力与发展生产力的统一
B. 生产力与生产关系的统一
C. 目的与手段的统一
D. 社会主义发展过程与最终目标的统一
3. 邓小平提出"科学技术是第一生产力"的论断的基本含义是：(　　)。
A. 科学技术对经济发展起第一位变革作用
B. 科学技术在生产力诸要素中成为主要的推动力量
C. 现代科学使管理日趋现代化、科学化
D. 科学技术已经渗透到人们日常生活的方方面面
4. 社会主义初级阶段的特定含义是指：(　　)。
A. 任何国家进入社会主义都会经历的起始阶段
B. 我国生产力发展水平不高条件下建设社会主义必然要经历的特定历史阶段
C. 我国商品经济不发达条件下建设社会主义必然要经历的特定历史阶段
D. 我国政治体制不健全条件下建设社会主义必然要经历的特定历史阶段
5. 我国现在处于并将长期处于社会主义初级阶段：(　　)。
A. 是我国最大的实际
B. 是我国最基本的国情
C. 是我国社会基本矛盾产生的前提
D. 是党制定和执行正确路线、方针、政策的基本依据
6. 我们党制定的社会主义初级阶段的基本路线的主要内容是：(　　)。
A. 以经济建设为中心
B. 坚持四项基本原则，坚持改革开放

C. 自力更生，艰苦创业

D. 把我国建设成为富强民主文明和谐美丽的社会主义现代化国家

7. 全面小康的社会的基本特征是：（　　）。

A. 经济发展上更高水平的社会

B. 经济、政治、文化、社会发展更全面的社会

C. 地区之间、城乡之间、人与自然之间等发展更均衡的社会

D. 城市化水平更高的社会

8. 改革是中国的第二次革命的原因在于：（　　）。

A. 改革也是为了扫除发展生产力的障碍，解放生产力

B. 改革是对原有体制进行根本性的变革，而不是修补

C. 改革是为了促进我国社会形态的根本变革

D. 改革引起了经济生活、社会生活、思想观念等一系列重大变化

9. 胡锦涛指出的中国政策选择中的“两个没有出路”，具体是说：（　　）。

A. 不坚持社会主义改革没有出路

B. 以改革为名，改变社会主义性质没有出路

C. 不坚持社会主义政治体制改革没有出路

D. 不改善人民生活水平没有出路

10. 社会主义社会的基本矛盾是：（　　）。

A. 生产关系和生产力之间的矛盾

B. 上层建筑和经济基础之间的矛盾

C. 人民日益增长的物质文化需要同落后的社会生产之间的矛盾

D. 经济发展与环境、资源、人口之间的矛盾

11. 评价和判断改革成败的根本标准是：（　　）。

A. 是否有利于发展社会主义社会的生产力

B. 是否有利于增强社会主义国家的综合国力

C. 是否有利于提高人民生活水平

D. 是否有利于坚持和改善党的领导

12. 处理改革、发展、稳定三者关系的经验和主要原则是：（　　）。

A. 发展是目的，改革是动力，稳定是前提，发展是改革和稳定的基础

B. 保持改革、发展和稳定在动态中的相互协调和相互促进

C. 把改革的力度、发展的速度和社会可以承受的程度统一起来

D. 把不断改善人民生活作为处理改革、发展、稳定关系的重要结合点

13. 我们的对外开放必须是全方位、多层次、宽领域的开放，这里的全方位开放是指：（　　）。

A. 对城市和农村都要开放

B. 经济和政治领域都要开放

C. 对资本主义国家和社会主义国家都要开放

D. 对发达国家和发展中国家都实行开放

14. 社会主义市场经济理论的基本内涵是：（　　）。
A. 计划和市场都是经济手段，不具有制度属性
B. 计划与市场各有自己的优势和长处，要优势互补
C. 社会主义经济体制必须体现社会主义基本制度的特征
D. 社会主义和市场经济之间不存在根本的冲突
15. 社会主义市场经济体制的基本特征是：（　　）。
A. 以公有制为基础
B. 以按劳分配为主体
C. 以党的领导为核心
D. 宏观调控能力较资本主义国家更强
16. 社会主义初级阶段基本经济制度的内容是：（　　）。
A. 公有制为主体　　B. 多种所有制经济共同发展
C. 按劳分配为主体　　D. 多种分配方式并存
17. 公有制经济的含义是：（　　）。
A. 国有经济　　B. 集体经济
C. 混合所有制经济中的国有成分　　D. 混合所有制经济中的集体成分
18. 坚持公有制的主体地位主要体现在：（　　）。
A. 公有资产在社会总资产中占优势
B. 国有资产在社会总资产中占优势
C. 公有经济控制国民经济命脉
D. 国有经济控制国民经济命脉
19. 按生产要素分配主要是指：（　　）。
A. 按劳分配
B. 以劳动作为生产要素参与分配
C. 劳动以外的生产要素参与分配，主要是按资本分配
D. 管理和知识产权类的生产要素
20. 防止两极分化的具体措施是：（　　）。
A. 着力提高低收入者的收入水平　　B. 逐步扩大中等收入者比重
C. 有效调节过高收入　　D. 坚决取缔非法收入
21. 我国现阶段社会保障制度的主要内容是：（　　）。
A. 基本养老保险制度　　B. 基本医疗保险制度
C. 失业保险制度　　D. 城市居民最低生活保障制度
22. 走新型工业化道路、实现产业结构优化升级必须做到：（　　）。
A. 以高新技术产业为先导　　B. 以制造业和加工业为支撑
C. 大力发展劳动密集型产业　　D. 服务业全面发展
23. 建设社会主义新农村的方针是：（　　）。
A. 工业反哺农业
B. 城市支持农村
C. 政府投资与村民自建相结合

D. 采取"多予少取放活"的方针

24. 建设环境友好型社会必须做到：（　　）。

A. 以人与自然和谐相处为目标　　B. 以环境承载能力为基础

C. 以遵循自然规律为核心　　D. 以绿色科技为动力

25. 发展社会主义民主政治的根本是：（　　）。

A. 坚持党的领导　　B. 坚持人民当家做主

C. 坚持依法治国　　D. 坚持民主集中制

26. 我国人民政协的主要职能是：（　　）。

A. 政治协商　　B. 民主监督　　C. 协助统战　　D. 参政议政

27. 社会主义法制建设的基本要求是：（　　）。

A. 有法可依　　B. 有法必依　　C. 执法必严　　D. 违法必究

28. 评价一个国家的政治体制、政治结构和政策是否正确，关键看：（　　）。

A. 国家的政局是否稳定

B. 能否增进人民的团结，改善人民的生活

C. 生产力能否得到持续发展

D. 党的执政地位能否得到加强

29. 建设社会主义先进文化的根本任务是：（　　）。

A. 提高全民族的思想道德素质和科学文化素质

B. 培育有理想、有道德、有文化、有纪律的公民

C. 建设民族的大众的科学的文化

D. 促进人的全面发展

30. 社会主义核心价值体系的基本内容是：（　　）。

A. 马克思主义的指导

B. 建设中国特色社会主义的共同理想

C. 以爱国主义为核心的民族精神和以改革创新为核心的时代精神

D. 社会主义荣辱观

31. 以改革创新为核心的时代精神的主要内容是：（　　）。

A. 与时俱进　　B. 开拓进取　　C. 求真务实　　D. 奋勇争先

32. 我们所要建设的社会主义思想道德体系必须：（　　）。

A. 与社会主义市场经济相适应

B. 与社会主义法律相协调

C. 与中华民族传统美德相承接

D. 与世界文明发展接轨

33. 邓小平理论是马克思主义中国化的第二个重大理论成果，它是：（　　）。

A. 马克思列宁主义的基本原理同当代中国实践和时代特征相结合的产物

B. 对毛泽东思想在新的历史条件下的继承和发展，是马克思主义在中国发展的新阶段

C. 当代中国的马克思主义

D. 中国共产党集体智慧的结晶

34. 邓小平理论是当代中国的马克思主义，这是因为：（　　）。

A. 邓小平理论开拓了马克思主义的新境界

B. 邓小平理论把对社会主义的认识提高到新的科学水平

C. 邓小平理论对时代特征和国际形势作出了新的科学判断

D. 邓小平理论从我国社会主义改革开放以及建设的各个方面形成了新的建设中国特色社会主义理论的科学体系

35. 解放思想、实事求是、与时俱进的辩证关系是：（　　）。

A. 解放思想是实事求是的内在要求和前提

B. 实事求是是解放思想的目的和归宿

C. 尊重实践、尊重群众，是实事求是思想路线的根本体现

D. 与时俱进是马克思主义的理论品质，是解放思想、实事求是的具体体现和根本要求

36. 与时俱进是马克思主义的理论品质，其基本含义就是党的全部理论和工作要：（　　）。

A. 坚持实践性　　B. 体现时代性　　C. 把握规律性　　D. 富于创造性

37. 坚持党的理论创新，就必须自觉地把思想认识：（　　）。

A. 从那些不合时宜的观念、做法和体制中解放出来

B. 从思想僵化和迷信盛行的误区中解放出来

C. 从对马克思主义的错误和教条式的理解中解放出来

D. 从主观主义和形而上学的桎梏中解放出来

第五专题
“三个代表”重要思想产生的历史必然性

学习目标

了解“三个代表”重要思想提出的时代背景、实践基础和现实依据；深刻理解“三个代表”重要思想提出的历史必然性；理解“三个代表”重要思想是我们党的立党之本、执政之基、力量之源，重点掌握“本、基、源”的含义。

学习内容提要

1. 阅读教材相关章节，重点学习“三个代表”概念的基本内涵和相互关系。

2. 学习教材相关内容及参考阅读《“三个代表”重要思想学习纲要》（学习出版社出版），把握“三个代表”重要思想产生的世情、国情、党情。

学习步骤

1. 请同学们先阅读本专题的【学习内容详解】，然后听教师讲解。

2. 思考下面的问题，并与老师、同学共同讨论。

(1) 怎样理解“三个代表”重要思想是和马克思列宁主义、毛泽东思想、邓小平理论既一脉相承又与时俱进的科学理论?

(2)“三个代表”重要思想的提出有着什么样的时代针对性和现实性?

3. 着重理解“三个代表”重要思想的历史地位和重大意义，把握“三个代表”重要思想突出的理论新贡献。

学习内容详解

一、“三个代表”重要思想形成的社会历史条件

1.“三个代表”重要思想的产生源于当今国际局势的新变化

“三个代表”重要思想是马克思主义中国化的第三个重大理论成果。它是对马克思列宁主义、毛泽东思想、邓小平理论的继承和发展，反映了当代世界和中国的发展变化对党和国家工作的新要求，是加强和改进党的建设、推进我国社会主义自我完善和发展的强大理论武器，是中国共产党集体智慧的结晶。

20 世纪 80 年代末 90 年代初以来，尽管我们所面临的时代主题、主要矛盾和主要任务没有发生根本性的改变，但是国际、国内和党内的情况都发生了重大的变化，党所处的地位和环境、党所肩负的历史任务、党的自身状况，都出现了许多新的情况。中国共产党历经革命、建设和改革，已经从领导人民为夺取全国政权而奋斗的党，成为领导人民掌握全国政权并长期执政的党；已经从受到外部封锁和实行计划经济条件下领导国家建设的党，成为实行对外开放和发展社会主义市场经济条件下领导国家建设的党。“三个代表”重要思想就是在科学判断党的历史方位的基础上提出来的。

就国际形势来讲，随着东欧剧变、苏联解体，世界社会主义出现严重曲折；世界多极化和经济全球化的趋势在曲折中发展。虽然和平与发展仍是当今时代的主题，但霸权主义和强权政治又有新的表现，恐怖主义危害加深，一些地区的冲突和争端时有发生，世界还很不安宁。科技进步日新月异，以信息技术为核心的高新技术的发展，极大地改变了人们的生产、生活方式和国际经济、政治关系，以经济为基础、科技为先导的综合国力竞争更为激烈。国际局势和世界格局的深刻变化，是“三个代表”重要思想形成的时代背景。

2.“三个代表”重要思想的产生源于当今国内工作的新形势

就国内形势来讲，我们在胜利实现了现代化建设“三步走”战略前两步目标以后，进入了全面建设小康社会、加快推进社会主义现代化新的发展阶段。我国生产力水平大幅度跃升，综合国力显著增强，国际地位进一步提高，改革开放取得丰硕成果，社会主义市场经济体制初步建立，政治稳定、民族团结、社会进步，人民生活总体上达到小康水平，社会主义中国充满活力。与此同时，改革进入攻坚阶段，发展处于关键时期，我国社会主义事业的发展面临新的巨大困难和压力。随着改革开放和社会主义市场经济的发展，社会经济成分和组织形式、社会就业方式、社会分配方式、社会阶层和利益关系日益多样化。加入世贸组织，给我国经济社会带来深刻影响。推进现代化建设、完成祖国统一、维护世界和平与促进共同发展，仍是我们党在 21 世纪伟大而艰巨的三大历史任务。“三个代表”重要思想是在对当代中国发展变化科学认识的基础上形成的。改革开放特别是十三届四中全会以来，党和人民建设中国特色社会主义的伟大探索，是“三个代表”重要思想形成的实践基础。

二、“三个代表”重要思想的提出及科学内涵

“三个代表”重要思想在形成和发展的过程中，紧密结合新的实践，把治党和治国、

执政和为民结合起来，在改革发展稳定、内政外交国防、治党治国治军各个方面，提出了一系列紧密联系、相互贯通的新思想、新观点、新论断。这一系统的科学理论在建设中国特色社会主义的思想路线、发展道路、发展阶段、发展战略、根本任务、发展动力、依靠力量、国际战略、领导力量和根本目的等重大问题上取得了丰硕成果。“三个代表”重要思想，在邓小平理论的基础上，进一步回答了什么是社会主义、怎样建设社会主义的问题，创造性地回答了建设什么样的党、怎样建设党的问题，集中起来就是深化了对中国特色社会主义的认识。

“中国共产党必须始终代表中国先进生产力的发展要求，代表中国先进文化的前进方向，代表中国最广大人民的根本利益。”这是对“三个代表”重要思想的集中概括。

始终代表中国先进生产力的发展要求，就是党的理论、路线、纲领、方针、政策和各项工作，必须努力符合生产力发展的规律，体现不断推动社会生产力的解放和发展的要求，尤其要体现推动先进生产力发展的要求，通过发展生产力不断提高人民群众的生活水平。

始终代表中国先进文化的前进方向，就是党的理论、路线、纲领、方针、政策和各项工作，必须努力体现发展面向现代化、面向世界、面向未来的，民族的科学的大众的社会主义文化的要求，促进全民族思想道德素质和科学文化素质的不断提高，为我国经济发展和社会进步提供精神动力和智力支持。

始终代表中国最广大人民的根本利益，就是党的理论、路线、纲领、方针、政策和各项工作，必须坚持把人民的根本利益作为出发点和归宿，充分发挥人民群众的积极性、主动性、创造性，在社会不断发展进步的基础上，使人民群众不断获得切实的经济、政治、文化利益。

“三个代表”是统一的整体，相互联系，相互促进。发展先进生产力，是发展先进文化的基础，是实现最广大人民根本利益的前提；发展先进文化，是发展先进生产力和实现最广大人民根本利益的重要思想保证；发展先进生产力和先进文化，归根到底都是为了实现最广大人民的根本利益，而人民群众则是创造先进生产力和先进文化的创造主体，也是实现自身利益的根本力量。

“三个代表”重要思想围绕建设中国特色社会主义这个主题，创造性地运用马克思列宁主义、毛泽东思想、邓小平理论，紧密结合新的实践，围绕着什么是社会主义、怎样建设社会主义和建设什么样的党、怎样建设党的问题，提出了一系列新的思想、新的观点、新的论断，其中包括：关于建立社会主义市场经济体制的思想；关于公有制为主体、多种所有制经济共同发展是我国社会主义初级阶段的基本经济制度的思想；关于按劳分配为主体、多种分配方式并存的思想；关于实行全方位对外开放战略的思想；关于社会主义物质文明、政治文明和精神文明协调发展的思想；关于发展是党执政兴国的第一要务的思想；关于正确处理改革、发展、稳定关系的思想；关于建设社会主义法治国家的思想；关于依法治国和以德治国相结合的思想；关于走中国特色的精兵之路的思想；关于巩固党的阶级基础和扩大党的群众基础的思想；等等。这些思想、观点和论断构成了“三个代表”重要思想的主要内容。

三、“三个代表”重要思想是我们党的立党之本、执政之基、力量之源

“三个代表”是我们的立党之本。我们党自成立之日起，就是走在中国社会发展前列

的先进政党。我们的党章规定，中国共产党是中国工人阶级的先锋队。我们党的历史使命、历史地位、历史作用，始终是与党的先进性联系在一起的。什么时候坚持并做到了这样“三个代表”，我们党就兴旺发达，就得到人民群众的拥护，就经得起任何风浪的冲击。什么时候如果偏离或没有完全做到“三个代表”，就会出这样那样的问题，人民就会不满意，党就会遇到困难和曲折。

“三个代表”是我们的执政之基。我们党的执政地位是历史赋予的、人民赋予的。我们党能够执政并且能够执好政的基础，从根本上来说，就在于能够代表中国先进生产力的发展要求，代表中国先进文化的前进方向，代表中国最广大人民的根本利益。我们党执政的内容和任务，就是要不断解放和发展中国社会的生产力，增强综合国力，推进社会发展；就是要不断建设和发展面向现代化、面向世界、面向未来的民族的、科学的、大众的社会主义文化，培育“四有”公民，弘扬民族精神；就是要全心全意为人民服务，维护最广大人民的根本利益，不断满足人民群众日益增长的物质文化生活需要。面向新的世纪，我们党治国理政的任务更加艰巨，所要解决的问题也更多、更复杂。只有坚持“三个代表”，当好“三个代表”，我们才能始终用好人民赋予的执政权力，无愧于历史赋予的执政地位；才能不断提高我们的执政水平，巩固我们的执政基础。

“三个代表”是我们的力量之源。我们党建党之初，只有几十个党员。之所以能够不断发展壮大，能够战胜曾经比自己强大得多的国内外敌人，建立起社会主义的新中国，能够在一穷二白的基础上，取得经济和社会发展的巨大成就，能够经得起各种风浪、磨难的考验，得到人民群众的拥护和支持，就在于我们党能够始终从根本上促进中国社会生产力的发展，推动中国文化的进步，切切实实地为人民办实事、谋利益。这是我们全部力量的源泉所在，也是我们不断成功和发展的奥秘所在。

练习题

一、单项选择题

1. 中国共产党与一切剥削阶级政党的根本区别在于：（　　）。

A. 以马克思主义作为根本指导

B. 坚持党的工人阶级性质

C. 坚持全心全意为人民服务，立党为公、执政为民

D. 坚持群众路线

2. 加强党的建设必须把：（　　）。

A. 作风建设放在首位　　B. 组织建设放在首位

C. 思想理论建设放在首位　　D. 制度建设放在首位

3. 加强党的执政能力建设的核心是：（　　）。

A. 加强党同人民群众的血肉联系　　B. 坚持科学执政、民主执政和依法执政

C. 建设高素质的干部队伍　　D. 加强党的先进性建设

4. 贯彻“三个代表”重要思想的关键是：（　　）。

A. 坚持与时俱进　　B. 坚持党的先进性

C. 坚持执政为民　　D. 坚持解放思想、实事求是

5.“三个代表”重要思想形成的实践基础是：（　　）。

A. 我们党 90 年来的革命实践

B. 新中国成立以来党领导建设社会主义的探索和实践

C. 十一届三中全会以来党领导改革开放的探索和实践

D. 改革开放特别是党的十三届四中全会以来党和人民建设中国特色社会主义的伟大探索

6. 坚持“三个代表”重要思想的基础和前提是：（　　）。

A. 坚持发展生产力尤其是发展先进生产力

B. 坚持发展社会主义先进文化

C. 坚持以最广大人民群众的利益为根本利益

D. 坚持党的先进性和创造性

7. 坚持“三个代表”重要思想的实质是：（　　）。

A. 坚持党的阶级性　　B. 坚持党的先进性

C. 坚持党的群众性　　D. 坚持党的纯洁性

8.“三个代表”重要思想是在国际、国内、党内的情况都发生深刻变革的基础上提出的，其中党情变化的集中体现是：（　　）。

A. 我们党由革命党变为执政党

B. 我们党的历史方位的深刻变革

C. 我们党的群众基础的扩大

D. 我们党执政条件的深刻变革

9.“三个代表”重要思想创造性地回答了：（　　）。

A. 什么是马克思主义，怎样对待马克思主义

B. 什么是社会主义，怎样建设社会主义

C. 建设一个什么样的党，怎样建设党

D. 实现什么样的发展，怎样发展

二、多项选择题

1.《中国共产党章程》明确规定，中国共产党是中国工人阶级的先锋队，同时是中国人民和中华民族的先锋队。这是因为：（　　）。

A. 中国工人阶级的根本利益同中国人民和中华民族的根本利益是一致的

B. 成为中国人民和中华民族的先锋队，是马克思主义执政党的内在要求

C. 成为中国人民和中华民族的先锋队，是党以实现民族振兴为己任的必然选择

D. 成为中国人民和中华民族的先锋队，是党从建立之日起的庄严承诺

2. 改善党的领导应注意的几个重大问题是：（　　）。

A. 要坚决实行党政分开

B. 要改革、完善党和国家的领导制度

C. 要正确处理党的领导和依法治国的关系

D. 要进一步解决提高党的领导水平和执政水平、提高拒腐防变和抵御风险能力这两大历史性课题

3. 坚持党的群众路线的基本内容是：（　　）。

A. 一切为了群众　　B. 一切依靠群众

C. 从群众中来，到群众中去　　　　D. 相信和争取群众

4. 加强党的执政能力建设的指导思想是：(　　)。

A. 以保持党同人民群众的血肉联系为核心

B. 以建设高素质干部队伍为关键

C. 以改革和完善党的领导体制和工作机制为重点

D. 以加强党的基层组织和党员队伍建设为基础

5. 加强党的执政能力建设的总体目标是：(　　)。

A. 使党始终成为立党为公、执政为民的执政党

B. 使党始终成为科学执政、民主执政、依法执政的执政党

C. 成为求真务实、开拓创新、勤政高效、清正廉洁的执政党

D. 成为始终做到“三个代表”、永远保持先进性、经得住各种风浪考验的马克思主义执政党

6. 加强党的执政能力建设的立足点是：(　　)。

A. 着眼于继续解放思想、坚持改革开放、推动科学发展、促进社会和谐

B. 着眼于提高党的执政能力、保持和发展党的先进性

C. 着眼于增强全党为党和人民事业不懈奋斗的使命感和责任感

D. 着眼于保持党同人民群众的血肉联系

7. 党中央提出建设马克思主义学习型政党的基本要求是：(　　)。

A. 科学理论武装　　　　B. 具有世界眼光

C. 善于把握规律　　　　D. 富有创新精神

8. 在当前形势下加强党的作风建设，其基本内容是：(　　)。

A. 大兴密切联系群众之风　　　　B. 大兴求真务实之风

C. 大兴艰苦奋斗之风　　　　D. 大兴批评和自我批评之风

9. “三个代表”重要思想的内涵是：(　　)。

A. 始终代表中国先进生产力的发展要求

B. 始终代表中国先进文化的前进方向

C. 始终代表中国最广大人民的根本利益

D. 以上是对“三个代表”重要思想的集中概括

10. “三个代表”重要思想的提出，表明我们党：(　　)。

A. 对共产党执政规律认识的深化

B. 对社会主义发展规律认识的深化

C. 对国际共产主义运动发展规律认识的深化

D. 对人类社会发展规律认识的深化

第六专题
学习实践科学发展观 促进经济社会又好又快发展

学习目标

了解科学发展观提出的历史背景，正确理解科学发展观的基本内涵，深刻认识科学发展观的重大意义。

学习内容提要

科学发展观的基本概念；科学发展观是马克思主义关于发展的世界观和方法论的集中体现；科学发展观是我国经济社会发展的重要指导方针和发展中国特色社会主义必须坚持和贯彻的重大战略思想。

学习步骤

1. 在阅读教材相关内容的基础上听教师讲解。

2. 拓展阅读：《科学发展观学习读本（青年及大学生版）》（党建读物出版社出版）以及互联网上有关科学发展观的文献。

3. 结合自身实际自行设计一个个人发展规划。

学习内容详解

一、科学发展观产生的社会历史条件

1. 我国社会主义初级阶段的基本国情是科学发展观提出的根本依据

我国在进入社会主义社会的时候，就生产力发展水平而言，远远落后于发达国家，因此，必须经历一个相当长的历史阶段，去实现工业化和现代化。党的十三大根据邓小平的

思想，深刻阐述了社会主义初级阶段问题，强调我国社会已经是社会主义社会，我们必须坚持而不能离开社会主义；同时，我国社会主义社会还处于初级阶段，我们必须从这个实际出发而不能超越这个阶段。此后，党的十四大、十五大、十六大都重申和强调了社会主义初级阶段问题。十七大报告指出："经过新中国成立以来特别是改革开放以来的不懈努力，我国取得了举世瞩目的发展成就，从生产力到生产关系、从经济基础到上层建筑都发生了意义深远的重大变化，但我国仍处于并将长期处于社会主义初级阶段的基本国情没有变，人民日益增长的物质文化需要同落后的社会生产之间的矛盾这一社会主要矛盾没有变。"提出科学发展观，就是要求我们牢记社会主义初级阶段的基本国情，认清全面建设小康社会、基本实现现代化的长期性和艰巨性，提高想问题、办事情决不可脱离实际的自觉性。

2. 我国在新阶段的阶段性特征是科学发展观提出的现实基础

进入新世纪新阶段，随着经济体制深刻改革、社会结构深刻变动、利益格局深刻调整、思想观念深刻变化，我国经济社会发展呈现出一系列新的阶段性特征：经济实力显著增强，同时生产力水平总体上还不高，自主创新能力还不强，长期形成的结构性矛盾和粗放型增长方式尚未根本改变；社会主义市场经济体制初步建立，同时影响发展的体制机制障碍依然存在，改革攻坚面临深层次矛盾和问题；人民生活总体上达到小康水平，同时收入分配差距拉大趋势还未根本扭转，城乡贫困人口和低收入人口还有相当数量，统筹兼顾各方面利益难度加大；协调发展取得显著成绩，同时农业基础薄弱、农村发展滞后的局面尚未改变，缩小城乡、区域发展差距和促进经济社会协调发展任务艰巨；社会主义民主政治不断发展、依法治国基本方略扎实贯彻，同时民主法制建设与扩大人民民主和经济社会发展的要求还不完全适应，政治体制改革需要继续深化；社会主义文化更加繁荣，同时人民精神文化需求日趋旺盛，人们思想活动的独立性、选择性、多变性、差异性明显增强，对发展社会主义先进文化提出了更高要求；社会活力显著增强，同时社会结构、社会组织形式、社会利益格局发生深刻变化，社会建设和管理面临诸多新课题；对外开放日益扩大，面临的国际竞争日趋激烈，发达国家在经济科技上占优势的压力长期存在，可以预见和难以预见的风险增多，统筹国内发展和对外开放要求更高。以上这些阶段性特征，是社会主义初级阶段基本国情在新世纪新阶段的具体表现。它表明，我国已进入发展的关键时期、改革的攻坚时期和社会矛盾的凸显时期。我国发展既面临着前所未有的机遇，也面临着严峻挑战。要适应当前我国发展的阶段性特征，奋力开拓中国特色社会主义更为广阔的发展前景，就必须走科学发展的道路。

3. 新世纪的发展实践和发展理念是科学发展观提出的重要借鉴

第二次世界大战结束以后，加快经济增长成为世界各国的共识，人类创造了前所未有的经济增长成就。但是，由于一些国家在社会制度方面存在问题和弊端，单纯追求经济增长，不重视社会发展，不解决社会公平问题，忽视能源资源节约和生态环境保护，致使世界发展遇到了一系列严重的问题。有的国家走了一条先发展、后治理的路子，为解决生态环境严重恶化问题付出了高昂的代价；有的国家由于经济结构失衡、社会发展滞后，导致发展质量不高、后劲不足；有的国家则出现了贫富悬殊、失业增加、社会腐败、政治动荡等问题。世界各国的发展实践表明，发展绝不仅仅是经济增长，而应该是经济、政治、文化、社会全面协调发展，应该是人与自然和谐的可持续发展。我国要完成工业化和信息化的双重任务，面临着促进经济发展和节约资源、保护环境的双重压力，这就决定了我们不能重复其他国家走过的老路，而必须走出一条中国特色发展道路。科学发展观正是在深刻总结世界发展经验教训的基础上提出的，它顺应了当今世界发展的潮流，吸收了当今世界各国在发展的认识和实践上取得的积极成果。

二、科学发展观的提出

所谓发展观，是指人们在对待发展问题上所持有的最基本的观念。它通常围绕要"实现什么样的发展？通过什么途径来发展？为谁发展？发展的成果由谁共享？"这样一些关于发展的根本问题来展开。历史的经验表明，不同的发展观往往导致不同的发展结果。科学发展观是我们党在认识发展问题上形成的符合发展规律和客观实际的科学的真理性认识。科学发展观的提出经历了一个在实践中逐步丰富和发展的过程。

2003年10月中共十六届三中全会通过的《中共中央关于完善社会主义市场经济体制若干问题的决定》中提出了牢固树立和落实科学发展观，即"坚持以人为本，树立全面、协调、可持续的发展观，促进经济社会和人的全面发展"的重要概念。这是党的文献中第一次提出科学发展观。

胡锦涛在2004年3月召开的中央人口资源环境工作座谈会上发表了重要讲话，对科学发展观的概念逐字逐句地作了系统全面的阐发。他指出：（1）坚持以人为本，就是要以实现人的全面发展为目标，从人民的根本利益出发谋发展、促发展，不断满足人民群众日益增长的物质文化需要，切实保障人民群众的经济、政治和文化权益，让发展的成果惠及全体人民。（2）全面发展，就是要以经济建设为中心，全面推进经济、政治、文化建设，实现经济发展和社会全面进步。（3）协调发展，就是要统筹城乡发展、统筹区域发展、统筹经济社会发展、统筹人与自然和谐发展、统筹国内发展和对外开放，推动生产力和生产关系、经济基础和上层建筑相协调，推进经济、政治、文化建设的各个环节、各个方面相协调。（4）可持续发展，就是要促进人与自然的和谐，实现经济发展和人口、资源、环境相协调，坚持走生产发展、生活富裕、生态良好的文明发展道路，保证一代接一代地永续发展。

2005年，党的十六届五中全会通过的《中共中央关于制定"十一五"规划的建议》中进一步全面体现和阐发了科学发展观的思想。其强调指出：要坚定不移地以科学发展观统领经济社会发展全局，坚持以人为本，转变发展观念、创新发展模式、提高发展质量，把经济社会发展切实转入全面协调可持续发展的轨道。

2007年10月，胡锦涛在十七大报告中进一步强调科学发展观的时代背景、科学内涵、精神实质和根本要求。他指出，在新的发展阶段继续全面建设小康社会、发展中国特色社会主义，必须深入贯彻落实科学发展观，增强贯彻落实科学发展观的自觉性和坚定性，把科学发展观贯彻落实到经济社会发展的各个方面。党的十七大把科学发展观写入党章。

三、科学发展观的基本内涵①

科学发展观，第一要义是发展，核心是以人为本，基本要求是全面协调可持续，根本

① 胡锦涛．在中国共产党第十七次全国代表大会上的报告．人民日报，2007-10-25.

方法是统筹兼顾。

——必须坚持把发展作为党执政兴国的第一要务。发展，对于全面建设小康社会、加快推进社会主义现代化，具有决定性意义。要牢牢扭住经济建设这个中心，坚持聚精会神搞建设、一心一意谋发展，不断解放和发展社会生产力。更好实施科教兴国战略、人才强国战略、可持续发展战略，着力把握发展规律、创新发展理念、转变发展方式、破解发展难题，提高发展质量和效益，实现又好又快发展，为发展中国特色社会主义打下坚实基础。

——必须坚持以人为本。全心全意为人民服务是党的根本宗旨，党的一切奋斗和工作都是为了造福人民。要始终把实现好、维护好、发展好最广大人民的根本利益作为党和国家一切工作的出发点和落脚点，尊重人民主体地位，发挥人民首创精神，保障人民各项权益，走共同富裕道路，促进人的全面发展，做到发展为了人民、发展依靠人民、发展成果由人民共享。

——必须坚持全面协调可持续发展。要按照中国特色社会主义事业总体布局，全面推进经济建设、政治建设、文化建设、社会建设，促进现代化建设各个环节、各个方面相协调，促进生产关系与生产力、上层建筑与经济基础相协调。坚持生产发展、生活富裕、生态良好的文明发展道路，建设资源节约型、环境友好型社会，实现速度和结构质量效益相统一、经济发展与人口资源环境相协调，使人民在良好生态环境中生产生活，实现经济社会永续发展。

——必须坚持统筹兼顾。要正确认识和妥善处理中国特色社会主义事业中的重大关系，统筹城乡发展、区域发展、经济社会发展、人与自然和谐发展、国内发展和对外开放，统筹中央和地方关系，统筹个人利益和集体利益、局部利益和整体利益、当前利益和长远利益，充分调动各方面积极性。统筹国内国际两个大局，树立世界眼光，加强战略思维，善于从国际形势发展变化中把握发展机遇、应对风险挑战，营造良好国际环境。既要总揽全局、统筹规划，又要抓住牵动全局的主要工作、事关群众利益的突出问题，着力推进、重点突破。

四、学习实践科学发展观的重大意义

1. 学习实践科学发展观是用中国特色社会主义理论体系武装全党的重大举措

科学发展观是我国经济社会发展的重要指导方针和发展中国特色社会主义必须坚持和贯彻的重大战略思想。

深入贯彻落实科学发展观，要求我们始终坚持“一个中心、两个基本点”的基本路线。党的基本路线是党和国家的生命线，是实现科学发展的政治保证。以经济建设为中心是兴国之要，是我们党、我们国家兴旺发达和长治久安的根本要求；四项基本原则是立国之本，是我们党、我们国家生存发展的政治基石；改革开放是强国之路，是我们党、我们国家发展进步的活力源泉。要坚持把以经济建设为中心同四项基本原则、改革开放这两个基本点统一于发展中国特色社会主义的伟大实践，任何时候都决不能动摇。

深入贯彻落实科学发展观，要求我们积极构建社会主义和谐社会。社会和谐是中国特色社会主义的本质属性。科学发展和社会和谐是内在统一的。没有科学发展就没有社会和谐，没有社会和谐也难以实现科学发展。构建社会主义和谐社会是贯穿中国特色社会主义事业全过程的长期历史任务，是在发展的基础上正确处理各种社会矛盾的历史过程和社会结果。

深入贯彻落实科学发展观，要求我们继续深化改革开放。要把改革创新精神贯彻到治国理政各个环节，毫不动摇地坚持改革方向，提高改革决策的科学性，增强改革措施的协调性。要完善社会主义市场经济体制，推进各方面体制改革创新，加快重要领域和关键环节改革步伐，全面提高开放水平，着力构建充满活力、富有效率、更加开放、有利于科学发展的体制机制，为发展中国特色社会主义提供强大动力和体制保障。要坚持把改善人民生活作为正确处理改革发展稳定关系的结合点，使改革始终得到人民拥护和支持。

深入贯彻落实科学发展观，要求我们切实加强和改进党的建设。要站在完成党执政兴国使命的高度，把提高党的执政能力、保持和发展党的先进性，体现到领导科学发展、促进社会和谐上来，落实到引领中国发展进步、更好代表和实现最广大人民的根本利益上来，使党的工作和党的建设更加符合科学发展观的要求，为科学发展提供可靠的政治和组织保障。

2. 学习实践科学发展观是深入推进改革开放、推动经济社会又好又快发展、促进社会和谐稳定的迫切需要

党的十六大以来，我国改革开放和现代化建设的步伐进一步加快，中国特色社会主义事业的发展既面临着历史性机遇又面临着严峻的挑战。以胡锦涛为总书记的党中央从新世纪新阶段党和国家事业发展全局出发，在深刻总结国内外经济社会发展中的经验教训的基础上，明确提出了科学发展观，进一步回答了什么是发展、为什么发展和怎样发展的重大问题，赋予马克思主义关于发展的理论以新的时代内涵和实践要求。

科学发展观是在准确把握世界发展趋势、认真总结我国发展经验、深入分析我国发展阶段性特征的基础上提出的。进入 21 世纪后，我国面临的仍将是一个总体上有利于我国发展、但不利因素也可能增多的环境。抓住机遇、应对挑战、加快发展，就要把中国的发展放在世界的大局中来思考，发挥比较优势，把握有利条件，扬长避短，趋利避害，努力取得发展的主动权。科学发展观反映了当代最新的发展理念，顺应了当今世界的发展潮流，是对人类社会发展经验的深刻总结和高度概括。我国社会主义建设的实践经验，是科学发展观形成的历史根据。我国现阶段经济社会发展状况和发展要求是科学发展观形成的现实依据。

科学发展观是对经济社会发展一般规律认识的深化，是马克思主义关于发展的世界观和方法论的集中体现。发展观是关于发展的本质、目的、内涵和要求的总体看法和根本观点，决定了经济社会发展的总体战略和基本模式，对经济社会发展实践具有根本性、全局性的重大影响。科学发展观坚持辩证唯物主义和历史唯物主义的基本原理，用一系列新思想、新观点、新论断，深化了对社会主义发展规律的认识，揭示了我国经济社会又好又快发展的正确道路，是指导我们认识发展的根本观点和推进发展的根本方法。科学发展观着眼于丰富发展内涵、创新发展观念、开拓发展思路、破解发展难题，在发展道路、发展模式、发展战略、发展动力、发展目的和发展要求等方面提出了一系列新的思想观点，初步形成了马克思主义关于社会主义发展的系统理论，也是需要在实践中不断丰富、发展和完善的理论，对于推进改革开放、推动经济社会又好又快发展、促进社会和谐稳定具有重大

的指导意义。

练习题

一、单项选择题

1. 我们党首次提出科学发展观的概念，是在：（　　）。

A. 党的十六大　　B. 党的十六届三中全会

C. 党的十七大　　D. 党的十七届三中全会

2. 科学发展观提出的"以人为本"的"人"，是指：（　　）。

A. 一切有生命的人　　B. 具体的人

C. 广大人民群众　　D. 抽象的人

3. 科学发展观的根本方法是：（　　）。

A. 坚持以人为本

B. 坚持发展是党执政兴国的第一要务

C. 坚持全面协调可持续发展

D. 坚持统筹兼顾

4. 我国经济社会发展的第十二个五年规划的实施主题是：（　　）。

A. 坚持以人为本　　B. 坚持科学发展

C. 坚持改善民生　　D. 加快转变经济发展方式

5. 马克思主义中国化的最新成果是：（　　）。

A. 邓小平理论　　B. "三个代表"重要思想

C. 科学发展观　　D. 中国特色社会主义理论体系

6. 自党的十一届三中全会以来的我国历史被称为"新时期"，新时期最显著的特征是：（　　）。

A. 改革开放　　B. 以经济建设为中心

C. 拨乱反正　　D. 思想解放

7. 科学发展观的精髓是：（　　）。

A. 以人为本　　B. 实事求是

C. 全面协调可持续发展　　D. 统筹兼顾

8. 实施"十二五"规划的根本出发点和落脚点是：（　　）。

A. 坚持以人为本　　B. 坚持实事求是

C. 坚持党的领导　　D. 坚持改善民生

9. "十二五"规划提出，未来五年我们要在显著提高质量和效益的基础上保持经济增长速度为：（　　）。

A. 7%　　B. 8%　　C. 9%　　D. 10%

二、多项选择题

1. 我们要构建的社会主义和谐社会，是在中国特色社会主义道路上，中国共产党领导下：（　　）。

A. 全体人民共同建设、共同享有的和谐社会

B. 没有社会冲突和矛盾的和谐社会

C. 民主法治、公平正义、诚信友爱、充满活力、安定有序、人与自然和谐相处的社会

D. 实现了科学社会主义理想的和谐社会

2. 构建社会主义和谐社会的具体举措是：（　　）。

A. 坚持协调发展，加强社会事业建设

B. 加强制度建设，保障社会公平正义

C. 建设和谐文化，巩固社会和谐的思想道德基础

D. 完善社会管理与激发社会活力相结合，增进社会团结和睦

3. 贯彻落实科学发展观的基本要求是：（　　）。

A. 必须始终坚持“一个中心、两个基本点”的基本路线

B. 积极构建社会主义和谐社会

C. 继续深化改革开放

D. 切实加强和改进党的建设

第七专题 用习近平新时代中国特色社会主义思想武装全党

第一节 习近平新时代中国特色社会主义思想产生的依据

学习目标

通过学习，了解习近平新时代中国特色社会主义思想产生的历史背景，重点把握习近平新时代中国特色社会主义思想的理论来源。

学习内容提要

习近平新时代中国特色社会主义思想的产生有着深刻的历史背景，习近平新时代中国特色社会主义思想是对“坚持和发展什么样的中国特色社会主义，怎样坚持和发展中国特色”时代问题的回答，习近平新时代中国特色社会主义思想的诞生是对马克思列宁主义、毛泽东思想、邓小平理论、“三个代表”重要思想、科学发展观一系列理论的继承和发展。

学习步骤

1. 认真阅读习近平在中国共产党第十九次全国代表大会上作的题为《决胜全面建成小康社会　夺取新时代中国特色社会主义伟大胜利》的报告，然后听教师讲解本节内容。

2. 思考问题：

如何理解“时代是思想之母，实践是理论之源”这句话？

学习内容详解

时代是思想之母，实践是理论之源。中国特色社会主义新时代和新实践必将孕育出新的理论。正如习近平总书记在哲学社会科学工作座谈会上所说：“当代中国正经历着我国历史上最为广泛而深刻的社会变革，也正在进行着人类历史上最为宏大而独特的实践创新。这种前无古人的伟大实践，必将给理论创造、学术繁荣提供强大动力和广阔空间。这是一个需要理论而且一定能够产生理论的时代，这是一个需要思想而且一定能够产生思想的时代。”[①]中国特色社会主义新时代和新实践孕育出的新理论就是习近平新时代中国特色社会主义思想。

一、立足于“和平与发展”的时代依据

20世纪80年代，邓小平深刻洞察世界格局变化，准确把握世界主要矛盾的脉络，提出了“和平与发展”的当今时代主题。约40年过去了，尽管世界格局纷纭变幻，但和平与发展的时代主题仍然没有变。在这一大的时代背景下，中国形成了包括邓小平理论、“三个代表”重要思想和科学发展观在内的中国特色社会主义理论体系。习近平新时代中国特色社会主义思想是中国特色社会主义理论体系的重要组成部分，同样也是在以和平与发展为时代主题的条件下形成和发展起来的。

习近平新时代中国特色社会主义思想形成和发展的“小的时代背景”则是中国国内外形势。国外形势指的是2008年以来世界范围的经济危机重创了中国及世界其他国家的经济发展，导致中国国内经济发展下行压力较大。国内形势指的是中国特色社会主义进入了新时代。党的十八大以来，我国经济取得了巨大成就，党和国家事业发生了深层次的、根本性的变革。习近平总书记在党的十九大报告中明确指出，中国特色社会主义进入了新时代，我国社会主要矛盾已经转化为“人民日益增长的美好生活需要和不平衡不充分的发展之间的矛盾”。我国社会主义初级阶段阶段性的变化特点以及经济社会发展的新状况标志着我国进入了中国特色社会主义新时代的历史阶段。习近平新时代中国特色社会主义思想就是在党的十八大以来开启中国特色社会主义进入新时代的特定历史条件下对“建设和发展什么样的中国特色社会主义，怎样建设和发展中国特色社会主义”时代问题回答的基础上形成和发展起来的。

二、来源于马克思主义的理论基石

十九大报告明确指出：“我们党坚持以马克思列宁主义、毛泽东思想、邓小平理论、‘三个代表’重要思想、科学发展观为指导，坚持解放思想、实事求是、与时俱进、求真务实，坚持辩证唯物主义和历史唯物主义，紧密结合新的时代条件和实践要求，以全新的视野深化对共产党执政规律、社会主义建设规律、人类社会发展规律的认识，进行艰辛理论探索，取得重大理论创新成果，形成了新时代中国特色社会主义思想。”[②]

---

① 习近平．在哲学社会科学工作座谈会上的讲话．人民日报，2016-5-19（2）.

② 习近平．决胜全面建成小康社会　夺取新时代中国特色社会主义伟大胜利——在中国共产党第十九次全国代表大会上的报告．人民日报，2017-10-28（1-5）.

党的十九大通过的《中国共产党章程（修正案）》和《关于〈中国共产党章程（修正案）〉的决议》都明确指出："习近平新时代中国特色社会主义思想是对马克思列宁主义、毛泽东思想、邓小平理论、'三个代表'重要思想、科学发展观的继承和发展，是马克思主义中国化最新成果"。

2018 年 1 月，中国共产党第十九届中央委员会第二次全体会议通过了《中共中央关于修改宪法部分内容的建议》，将习近平新时代中国特色社会主义思想写入宪法。

马克思列宁主义是中国化马克思主义理论的根本，毛泽东思想、邓小平理论、"三个代表"重要思想、科学发展观是中国共产党人运用马克思列宁主义解决中国具体实践形成的具有中国特色的马克思主义。其作为指导思想不能丢，丢了就丧失根本，就没有了方向。很明确，习近平新时代中国特色社会主义思想形成的理论依据就是马克思列宁主义、毛泽东思想、邓小平理论、"三个代表"重要思想、科学发展观。这一思想是对马克思列宁主义、毛泽东思想、邓小平理论、"三个代表"重要思想、科学发展观的继承与发展，是中国共产党的行动指南，是全党全国人民团结奋斗的共同思想基础。它们有着共同的世界观和方法论——辩证唯物主义和历史唯物主义；有着共同的奋斗目标——致力于维护最广大人民的根本利益；有着共同的理论品质——与时俱进。

与时俱进是马克思主义的理论品质，坚持把马克思主义基本原理同当代中国实际和时代特征相结合，不断推进马克思主义的理论实践，并在实践的基础上形成新的理论创新。

习近平新时代中国特色社会主义思想是党的十八大以来，以习近平同志为核心的党中央坚持以马克思列宁主义、毛泽东思想、邓小平理论、"三个代表"重要思想、科学发展观为指导，不断将马克思主义基本原理与中国新时代特征相结合形成的重大理论成果。它们之间是一脉相承的关系。习近平新时代中国特色社会主义思想是马克思主义基本原理与中国特色社会主义新时代的具体实际和时代特征相结合的产物，是马克思主义中国化的最新理论成果。

三、植根于新时代中国特色社会主义的实践经验

习近平新时代中国特色社会主义思想形成的现实依据，主要是党的十八大以来我国改革开放和社会主义现代化建设的实践经验。党的十八大以来，国内外形势深刻变化，我国发展面临一系列新情况新矛盾新问题。以习近平同志为核心的党中央自觉高举中国特色社会主义伟大旗帜，坚持以马克思列宁主义、毛泽东思想、邓小平理论、"三个代表"重要思想、科学发展观为指导，科学把握当今世界和当代中国的发展大势，顺应实践要求和人民愿望，推出一系列重大战略举措，出台一系列重大方针政策，推进一系列重大工作，解决了许多长期想解决而没有解决的难题，办成了许多过去想办而没有办成的大事，推动党和国家事业发生历史性变革。我们全面加强党的领导，坚定不移贯彻新发展理念，坚定不移全面深化改革，坚定不移全面推进依法治国，坚定不移加强意识形态工作，坚定不移推进生态文明建设，坚定不移推进国防和军队现代化，坚定不移贯彻"一国两制"方针，坚定不移推进中国特色大国外交，坚定不移推进全面从严治党，既取得了改革开放和社会主义现代化建设的历史性成就，也积累了在新的历史条件下坚持和发展中国特色社会主义的丰富实践经验。从根本上说，习近平新时代中国特色社会主义思想，就是在党的十八大以来坚持和发展中国特色社会主义实践中形成的，就是对党的十八大以来坚持和发展中国特

色社会主义实践经验的科学总结和理论概括。

第二节 习近平新时代中国特色社会主义思想的形成过程

学习目标

了解十八大、十八届三中全会、十八届四中全会、十八届五中全会、十八届六中全会、十九大的主要内容，掌握这些会议与习近平新时代中国特色社会主义思想的形成过程之间的关系。

学习内容提要

习近平新时代中国特色社会主义思想的形成过程。

学习步骤

1. 请同学们先阅读十八大、十八届三中全会、十八届四中全会、十八届五中全会、十八届六中全会、十九大的相关文件，然后听教师讲解。

2. 思考下面的问题，并与老师、同学共同讨论：

习近平新时代中国特色社会主义思想形成的三个阶段的主要内容是什么？

学习内容详解

一、习近平新时代中国特色社会主义思想初创阶段

习近平新时代中国特色社会主义思想开始形成阶段是指从2012年11月党的十八大召开到2013年11月的党的十八届三中全会的召开这段时期。

这一时期，紧紧围绕贯彻落实党的十八大精神、坚持和发展中国特色社会主义，习近平发表了一系列重要讲话，提出了一系列新理念新思想新战略。主要内容有：

强调落实党的十八大精神。党的十八大闭幕后，习近平总书记就强调“新一届中央领导集体的首要政治任务，就是全面贯彻落实党的十八大精神，为实现党的十八大确定的目标任务而努力奋斗”①。十八大提出了全面建成小康社会的战略目标，这一目标深刻阐明党的十八大精神的主题和要义，为习近平新时代中国特色社会主义思想的形成和发展确立了鲜明的主题。

中华民族伟大复兴的中国梦的提出。2012年11月29日，习近平总书记在参观《复兴之路》展览时提出了实现中华民族伟大复兴的中国梦，此后不断对其内涵、实现道路、精

① 习近平．全面贯彻落实党的十八大精神要突出抓好六个方面工作．求是，2013（1）.

神动力、依靠力量等作了系统阐释。2013 年 3 月 23 日，国家主席习近平访问俄罗斯时在莫斯科国际关系学院发表演讲，对实现中华民族伟大复兴的中国梦的基本内涵进行了阐发，他指出："实现中华民族伟大复兴，是近代以来中国人民最伟大的梦想，我们称之为'中国梦'，基本内涵是实现国家富强、民族振兴、人民幸福。"[①] 中华民族伟大复兴的中国梦只有坚定不移地走中国特色社会主义道路，积极发展中国的经济社会水平，实现全体人民共同富裕，才能真正实现。实现中华民族伟大复兴的中国梦的依靠力量是中国各族人民大团结的力量。人民群众是人类历史活动的主体，唯有人民才能创造出巨大的物质财富和精神财富。人民是历史发展和社会变革的决定性力量，人民也是实现中国梦的力量之源。实现中国梦，需要最大限度团结一切可以团结的力量，需要充分发挥全体中华儿女的聪明才智。实现中华民族伟大复兴的中国梦是习近平新时代中国特色社会主义思想的目标追求。

对全面深化改革作出绘制蓝图。中共十八届三中全会于 2013 年 11 月 9 日至 12 日在北京召开，中共十八届三中全会对全面深化改革绘制出崭新蓝图，对全面深化改革做出战略部署。全面深化改革，既是在新的历史条件下坚持和发展中国特色社会主义、实现"两个一百年"奋斗目标和中华民族伟大复兴中国梦的必由之路，也是习近平新时代中国特色社会主义思想中最重要的内容之一。

党在新形势下的强军目标的提出。2013 年 3 月 11 日，中共中央总书记、中共中央军委主席习近平在出席十二届全国人大一次会议解放军代表团全体会议时强调："全军要深入贯彻落实党的十八大精神，高举中国特色社会主义伟大旗帜，以邓小平理论、'三个代表'重要思想、科学发展观为指导，牢牢把握党在新形势下的强军目标，全面加强军队革命化现代化正规化建设，为建设一支听党指挥、能打胜仗、作风优良的人民军队而奋斗"[②]。建设一支听党指挥、能打胜仗、作风优良的人民军队是新形势下加快推进国防和军队现代化建设的必然要求，为新时代军队建设提供了目标方向和根本遵循。自此，习近平新时代中国特色社会主义思想开始形成。

二、习近平新时代中国特色社会主义思想形成阶段

习近平新时代中国特色社会主义思想初步形成阶段是指从 2014 年 11 月党的十八届四中全会开始到 2016 年 10 月的党的十八届六中全会。这一历史阶段，党中央先后召开十八届四中全会、十八届五中全会、十八届六中全会等会议，加上十八届三中全会，四次会议的主要内容构成了"四个全面"战略布局。此外习近平总书记还发表了一系列重要讲话，提出了一系列重要的新理念新思想新战略。这一历史时期的主要思想内容有：

提出全面推进依法治国战略。依法治国一直都是党和国家的重要决策，党的十八大以来，以习近平同志为核心的党中央高度重视法治国家建设，强调建设法治中国必须"坚持依法治国、依法执政、依法行政共同推进，坚持法治国家、法治政府、法治社会一体建设"[③]。2014 年 10 月，党的十八届四中全会做出了全面推进依法治国的战略决策，确定了

① 习近平．国家主席习近平在莫斯科国际关系学院的演讲．人民日报，2013-3-24（1-5）.

② 习近平．牢牢把握党在新形势下的强军目标．中央政府门户网站，2013-3-11.

③ 中共中央文献研究室．十八大以来重要文献选编（上）．北京：中央文献出版社，2014：858.

全面推进依法治国的指导思想、总体目标、根本原则、重大任务和具体部署，为全面推进依法治国指明了目标方向，提供了基本遵循。这一决策是以习近平同志为核心的党中央着眼于中国特色社会主义事业的长远发展所作出的战略谋划和顶层设计。

提出全面从严治党的战略思想。2014 年 10 月，习近平总书记在党的群众路线教育实践活动总结大会上又明确提出“全面推进从严治党”。同年 12 月，他在江苏考察调研时首次使用了“全面从严治党”的表述，此后，全面从严治党思想不断在实践过程中丰富与发展。全面从严治党是实现全面建成小康社会战略目标并进而实现中华民族伟大复兴中国梦的根本政治保证。2016 年 10 月，党的十八届六中全会审议通过了《关于新形势下党内政治生活的若干准则》和《中国共产党党内监督条例》，全面从严治党完成了顶层设计和全面部署。

“四个全面”战略布局的形成。经过党的十八大、十八届三中全会、十八届四中全会以及“全面从严治党”的提出，“四个全面”战略布局逐渐形成。2015 年 2 月 7 日，习近平在“省部级主要领导干部学习贯彻党的十八届四中全会精神全面推进依法治国专题研讨班”开班式上的讲话中对“四个全面”作了深刻阐述，标志着“四个全面”战略布局的正式形成和确立。

“五位一体”总体布局的确立。2015 年 10 月，习近平总书记在党的十八届五中全会上指出“全面小康，覆盖的领域要全面，是五位一体全面进步”，强调“要在坚持以经济建设为中心的同时，全面推进经济建设、政治建设、文化建设、社会建设、生态文明建设，促进现代化建设各个环节、各个方面协调发展，不能长的很长、短的很短”①，“五位一体”总体布局由此确立。

“五大发展理念”的确立。2015 年 10 月，习近平总书记在党的十八届五中全会上指出：“发展理念是战略性、纲领性、引领性的东西，是发展思路、发展方向、发展着力点的集中体现。”②“创新、协调、绿色、开放、共享”的“五大发展理念”由此确立。

总体部署全面建成小康社会。“十三五”期间，我国进入了全面建成小康社会、实现“两个一百年”奋斗目标的第一个百年奋斗目标的决胜阶段。党的十八届五中全会审议通过了《中共中央关于制定国民经济和社会发展第十三个五年规划的建议》，为我们夺取全面建成小康社会决胜阶段伟大胜利绘制了行动蓝图，提供了行动指南。

“四个全面”战略布局的形成标志着习近平新时代中国特色社会主义思想已经形成。

三、习近平新时代中国特色社会主义思想完善确立阶段

习近平新时代中国特色社会主义思想完善确立阶段是指从 2016 年 10 月党的十八届六中全会之后到 2017 年 10 月党的十九大召开这段时期。党的十八届六中全会对全面推进从严治党作出了顶层设计，“四个全面”战略布局由此形成。从 2016 年 10 月党的十八届六中全会到 2017 年 10 月党的十九大召开这一年里，习近平总书记发表了系列重要讲话，“四个全面”战略布局由此铺开，一系列的新理念新思想新战略不断丰富和完善着习近平新时代中国特色社会主义思想。

---

① 习近平．习近平谈治国理政：第二卷．北京：外文出版社，2017：79.

② 同①：197.

2017 年 10 月，党的十九大召开，明确提出了“习近平新时代中国特色社会主义思想”的科学概念，阐述了其基本内涵和基本方略，标志着其正式确立。

四、习近平新时代中国特色社会主义思想完善发展阶段

习近平新时代中国特色社会主义思想完善发展阶段是指自党的十九大召开之后至今这段时期。这一时期的工作紧紧围绕学习贯彻十九大精神而展开。

2018 年 3 月，“两会”即政治协商会议和全国人民代表大会在北京召开。2018 年 3 月 5 日，第十三届全国人民代表大会第一次会议听取关于宪法修正案草案的说明，通过了将习近平新时代中国特色社会主义思想写入宪法的决定。习近平新时代中国特色社会主义思想在新时代中国特色社会主义建设实践中不断地完善与发展。

第三节　习近平新时代中国特色社会主义思想的主要内容

学习目标

了解习近平新时代中国特色社会主义思想形成的历史脉络，重点把握习近平新时代中国特色社会主义思想的主要内容。

学习内容提要

阅读教材相关章节，重点学习习近平新时代中国特色社会主义思想的主要内容。

学习步骤

1. 阅读《习近平总书记系列重要讲话读本》（人民出版社）、《习近平谈治国理政（第一、二卷）》（外文出版社）、《习近平的七年知青岁月》（中共中央党校出版社）等相关书籍，然后再听教师讲解。

2. 思考问题：

习近平新时代中国特色社会主义思想的主要内容是什么？

学习内容详解

习近平总书记在党的十九大报告中明确指出：“十八大以来，国内外形势变化和我国各项事业发展都给我们提出了一个重大时代课题，这就是必须从理论和实践结合上系统回答新时代坚持和发展什么样的中国特色社会主义、怎样坚持和发展中国特色社会主义，包括新时代坚持和发展中国特色社会主义的总目标、总任务、总体布局、战略布局和发展方

向、发展方式、发展动力、战略步骤、外部条件、政治保证等基本问题”①。习近平新时代中国特色社会主义思想正是对这一系列基本问题的回答，构成了新时代中国特色社会主义思想的基本内容。

一、中国特色社会主义的总目标、总任务

习近平总书记在党的十九大报告中明确指出，新时代中国特色社会主义思想“明确坚持和发展中国特色社会主义，总任务是实现社会主义现代化和中华民族伟大复兴，在全面建成小康社会的基础上，分两步走在本世纪中叶建成富强民主文明和谐美丽的社会主义现代化强国”②。实现中华民族伟大复兴是近代以来中华民族最伟大的梦想，是坚持和发展中国特色社会主义的总任务。

中国共产党自诞生以来，就将实现国家独立富强，人民生活富裕作为自己的追求，将实现中华民族的伟大复兴作为自己的历史使命。正是在中国共产党的团结带领下，全国各族人民团结奋进、众志成城，经过新民主主义革命、新中国成立以来对社会主义的建设探索和改革开放，改革和发展了社会主义制度，开创了中国特色社会主义，取得了举世瞩目的伟大成就。今天，我们比历史上任何时候都更接近实现中华民族伟大复兴的目标。只有坚持和发展中国特色社会主义道路，中华民族伟大复兴的中国梦才能实现。实现社会主义现代化和中华民族伟大复兴，是建设中国特色社会主义的总目标、总任务，只有明确这一目标和任务，中国特色社会主义才能走在正确的康庄大道上。

十一届三中全会以后，邓小平开始思考如何从中国具体国情出发研究四个现代化的进程问题。1987 年 4 月，他在会见西班牙客人时，第一次使用“第一步”“第二步”“第三步”这样的提法，明确了分三步走、基本实现现代化的战略。根据邓小平的思想，同年 10 月，党的十三大把邓小平“三步走”的发展战略构想确定下来，指出我国经济发展战略部署大体分“三步走”：第一步，从 1981 年到 1990 年，实现国民生产总值比 1980 年翻一番，解决人民的温饱问题；第二步，从 1991 年到 20 世纪末，使国民生产总值再翻一番，达到小康水平；第三步，到 21 世纪中叶，国民生产总值再翻两番，达到中等发达国家水平，基本实现现代化。然后在这个基础上继续前进。

1997，党的十五大指出，中国“三步走”战略中的前两步已经提前完成，解决了人民温饱问题，人民生活总体上已经达到小康水平。在即将进入 21 世纪，全力奋战“三步走”战略中的“第三步战略”时，将“第三步战略”中的 50 年分成两个阶段，提出了“两个一百年”奋斗目标：“第一个一百年”即到中国共产党成立 100 年时（2021 年），全面建成小康社会；“第二个一百年”即到新中国成立 100 年时（2049 年），建成富强、民主、文明、和谐的社会主义现代化国家。

党的十八大以来，以习近平同志为核心的党中央坚持稳中求进，协调推进“四个全面”战略布局，提出了一系列重大战略，紧紧围绕全面建成小康的“第一个一百年”奋斗目标前行。2017 年 10 月，党的十九大在北京胜利召开，十九大是在“两个一百年”的第一个一百年奋斗目标期限将近，全面建成小康社会进入决胜阶段，中国的“十三五”规划

---

①② 习近平．决胜全面建成小康社会 夺取新时代中国特色社会主义伟大胜利——在中国共产党第十九次全国代表大会上的报告．人民日报，2017-10-28（1-5）．

即将开局的大背景下召开的。在此次会议上提出了“两个十五年”发展阶段目标，即在2020年全面建成小康社会、实现第一个百年奋斗目标的基础上，再奋斗15年，在2035年基本实现社会主义现代化；从2035年到本世纪中叶，在基本实现现代化的基础上，再奋斗15年，把我国建成富强民主文明和谐美丽的社会主义现代化强国。中国特色社会主义的三个发展战略成为引领中国经济发展战略指导，按照三个发展战略的要求规划我国经济社会发展，必将在本世纪中叶实现中华民族伟大复兴的历史目标。

建设社会主义现代化强国以及实现中华民族的中国梦就是新时代坚持和发展中国特色社会主义的总目标、总任务。这一总目标、总任务，在习近平新时代中国特色社会主义思想中起着方向引领作用，习近平新时代中国特色社会主义思想的其他很多内容都是紧紧围绕着如何实现这一总目标、总任务而延伸和展开的。

二、我国社会主要矛盾的再判断

中国特色社会主义是科学社会主义理论与中国具体的社会实践相结合，探索出的解决中国革命、发展中存在的突出问题及矛盾最有效的“药方”。坚持和发展中国特色社会主义就必须正确认识我国社会发展的历史方位，准确把握各个时期我国社会的主要矛盾，并以此为依据谋划社会建设的方法，确定合理的目标任务、作出科学的战略部署。十九大报告根据我国社会主义初级阶段不断变化的特点和经济社会发展的状况指出，中国特色社会主义进入了新时代。新时代必将有新情况、新问题、新矛盾，“中国特色社会主义进入新时代，我国社会主要矛盾已经转化为人民日益增长的美好生活需要和不平衡不充分的发展之间的矛盾”①。

我国社会主要矛盾的转变是较之1981年十一届六中全会做出的“我国社会的主要矛盾是人民日益增长的物质文化需要同落后的社会生产之间的矛盾”的社会主义初级阶段主要矛盾的论断而言的。

随着我国几十年的经济发展，社会生产较之以往取得极大进步，但是不平衡不充分的发展存在的突出问题日益显现出来；人民对于生活的追求不再仅仅局限于低层次的需要，而是向高质量高标准的美好生活需要发展。一系列的变化催生出新时代的新矛盾。

新的历史方位、新的主要矛盾，都是与中国特色社会主义建设各项方针政策密切相关的。新时代、新矛盾必将引领新使命、新任务、新思路和新发展。由于我国社会主要矛盾的转变，十九大报告强调了新的历史使命，提出了新的目标任务，作出了新的战略部署。新时代产生新矛盾，新矛盾引领新实践，新实践催生新思想。习近平新时代中国特色社会主义思想正是在新时代新矛盾衍生出的新实践的理论总结的基础上形成的。把握新时代新矛盾的变化，是理解习近平新时代中国特色社会主义思想的一把钥匙。

三、中国特色社会主义事业的总体布局和战略布局

习近平总书记在党的十九大报告中明确指出：新时代中国特色社会主义思想“明确中国特色社会主义事业总体布局是‘五位一体’、战略布局是‘四个全面’，强调坚定道路自

① 习近平．决胜全面建成小康社会　夺取新时代中国特色社会主义伟大胜利——在中国共产党第十九次全国代表大会上的报告．人民日报，2017－10－28（1－5）．

信、理论自信、制度自信、文化自信”[①]。十八大以来，中国特色社会主义进入了新时代，中国经济社会发展进入了新的历史方位，我国社会主要矛盾已由人民日益增长的物质文化需要同落后的社会生产之间的矛盾转化为人民日益增长的美好生活需要和不平衡不充分的发展之间的矛盾。在新的时代特征、新的矛盾特点下，要实现建成社会主义现代化强国和中华民族伟大复兴中国梦的中国特色社会主义的总目标、总任务，就必须根据新时代的发展规律和现实要求，确立和坚持科学合理的总体布局和战略布局，推进新时代中国特色社会主义各项事业发展。

推进经济、政治、文化、社会和生态文明建设“五位一体”的总体布局适应中国特色社会主义全面协调可持续发展的规律。决胜全面建成小康社会、开启全面建设社会主义现代化国家新征程、夺取新时代中国特色社会主义伟大胜利、实现中华民族伟大复兴中国梦、新时代坚持和发展中国特色社会主义，就必须必须牢牢把握总体布局。

习近平总书记强调，只有坚持“五位一体”总体布局才能“促进现代化建设各方面相协调，促进生产关系与生产力、上层建筑与经济基础相协调”[②]；才能全面提升我国的物质文明、政治文明、精神文明、社会文明、生态文明建设，最终将我国建成富强民主文明和谐美丽的社会主义现代化强国。

全面建成小康社会、全面深化改革、全面依法治国、全面从严治党的“四个全面”战略布局，是新时代中国共产党治国理政经验的科学总结及对治国理政方略的系统整合和集成创新，是对在新时代如何坚持和发展中国特色社会主义的战略谋划。“四个全面”战略布局是战略目标与战略举措的有机统一，“四个全面”具有内在的逻辑的关系。全面建成小康社会在“四个全面”战略布局中居于引领作用，规定了战略目标，即到2020年建成，全面建成小康社会是“两个一百年”奋斗目标中的第一个百年奋斗目标，在此基础上，我们将向着全面建成社会主义现代化强国的第二个百年奋斗目标前进；全面深化改革是新时代坚持和发展中国特色社会主义的根本动力；全面依法治国是新时代坚持和发展中国特色社会主义的法治保障；全面从严治党是新时代坚持和发展中国特色社会主义的基本要求。“四个全面”统一于中国特色社会主义的伟大实践，统一于“两个一百年”的奋斗目标，统一于新时代坚持和发展中国特色社会主义的伟大实践。习近平总书记指出，“四个全面”战略布局“是我们党在新形势下治国理政的总方略，是事关党和国家长远发展的总战略”[③]。

新时代坚持和发展中国特色社会主义，就必须坚持“五位一体”总体布局和“四个全面”战略布局，是坚定中国特色社会主义道路、发展中国特色社会主义理论体系、保障中国特色社会主义制度的基本要求。统筹推进“五位一体”总体布局和协调推进“四个全面”战略布局，不断坚定中国特色社会主义的道路自信、理论自信、制度自信。

---

① 习近平．决胜全面建成小康社会　夺取新时代中国特色社会主义伟大胜利——在中国共产党第十九次全国代表大会上的报告．人民日报，2017-10-28（1-5）．

② 中共中央文献研究室．十八大以来重要文献选编（上）．北京：中央文献出版社，2014：77．

③ 习近平．准确把握和抓好我国发展战略重点　扎实把“十三五”发展蓝图变为现实．人民日报，2016-01-31（1）．

四、全面深化改革的总目标

党的十九大报告中明确指出：新时代中国特色社会主义思想“明确全面深化改革总目标是完善和发展中国特色社会主义制度、推进国家治理体系和治理能力现代化”①。改革是社会主义的自我完善与发展，是中国特色社会主义的基本要求。改革是当代中国最鲜明的时代特点，是中国特色社会主义命运的关键抉择，是党和人民事业的重要法宝。中国特色社会主义是伴随改革开放的历史时期开创和发展起来的。

新时代，中国特色社会主义面临着新情况新矛盾新问题，只有全面深化改革，才能不断推进中国特色社会主义制度自我完善和发展，社会生产力才能得到进一步的解放与发展。习近平明确指出：“改革必须坚持正确方向，既不走封闭僵化的老路、也不走改旗易帜的邪路。我们要把完善和发展中国特色社会主义制度、推进国家治理体系和治理能力现代化作为全面深化改革的总目标，勇于推进理论创新、实践创新、制度创新以及其他各方面创新，让制度更加成熟定型，让发展更有质量，让治理更有水平，让人民更有获得感。”②

完善和发展中国特色社会主义制度、推进国家治理体系和治理能力现代化这一总目标的实现必须在经济、政治、文化、社会建设、生态及党的建设等多个领域进一步深化改革：经济建设上，要紧紧围绕使市场在资源配置中起决定性作用的目标深化经济体制改革；政治建设上，紧紧围绕坚持党的领导、人民当家做主、依法治国有机统一深化政治体制改革；文化建设上，紧紧围绕建设社会主义核心价值体系、社会主义文化强国深化文化体制改革；社会建设上，紧紧围绕更好保障和改善民生、促进社会公平正义深化社会体制改革；生态文明建设上，紧紧围绕建设美丽中国深化生态文明体制改革；党的建设上，紧紧围绕提高科学执政、民主执政、依法执政水平深化党的建设制度改革……全面深化改革必将为新时代坚持和发展中国特色社会主义、实现“两个一百年”奋斗目标和中华民族伟大复兴的中国梦提供不竭的动力。

五、全面推进依法治国总目标

党的十九大报告指出：新时代中国特色社会主义思想“明确全面推进依法治国总目标是建设中国特色社会主义法治体系、建设社会主义法治国家”③。全面推进依法治国就要从坚持和发展中国特色社会主义的总目标出发，深刻总结我国社会主义法治建设的成功经验和深刻教训，是着眼于实现“两个一百年”奋斗目标和中华民族伟大复兴中国梦、实现国家长治久安的战略举措。全面推进依法治国，必须坚持中国共产党的领导、人民当家做主、依法治国有机统一，坚定不移走中国特色社会主义法治道路，坚决维护宪法法律权威，依法维护人民权益、维护社会公平正义、维护国家安全稳定。

习近平新时代中国特色社会主义思想中全面推进依法治国是指在中国共产党的领导下，坚持中国特色社会主义的基本制度，贯彻中国特色社会主义法治理论，逐渐形成完

①③　习近平．决胜全面建成小康社会　夺取新时代中国特色社会主义伟大胜利——在中国共产党第十九次全国代表大会上的报告．人民日报，2017-10-28（1-5）.

②　习近平．在庆祝中国共产党成立95周年大会上的讲话．人民日报，2016-07-02（2）.

备的法律规范体系、高效的法治实施体系、严密的法治监督体系、有力的法治保障体系，形成完善的党内法规体系，坚持依法治国、依法执政、依法行政共同推进，坚持法治国家、法治政府、法治社会一体建设，实现科学立法、严格执法、公正司法、全民守法，促进国家治理体系和治理能力现代化。习近平总书记指出：“提出这个总目标，既明确了全面推进依法治国的性质和方向，又突出了全面推进依法治国的工作重点和总抓手。”①

依法治国是党领导人民治理国家的基本方式。人民当家做主的权利由党的领导得以保证，党的领导又在依法治国的方略中得以行使。加强党的领导必须注重领导方式和执政方式的科学性与规范性，推进国家治理体系和治理能力现代化是党的领导在依法治国的要求下的集中体现。依法治国是党领导人民治理国家的基本方式有两层含义，一层是党的领导必须要依照宪法和法律来治理国家、管理社会事务，人民行使自己的权利要在全国人民代表大会中体现，只有运用宪法和法律来治理国家、管理社会事务，党的领导才具有科学性，人民当家做主的民主权利才能得以实现；另一层是党的领导体现人民的意志制定宪法和法律，党的各级组织和全体党员又必须带头在宪法和法律范围内活动，自觉遵守宪法和法律的规定。

全面推进依法治国为在新时代坚持和发展中国特色社会主义，实现“两个一百年”奋斗目标和中华民族伟大复兴中国梦，提供有力的法治保障。

六、新时代的强军目标

习近平总书记在党的十九大报告中明确指出：“明确党在新时代的强军目标是建设一支听党指挥、能打胜仗、作风优良的人民军队，把人民军队建设成为世界一流军队”②。在新时代坚持和发展中国特色社会主义，实现“两个一百年”奋斗目标和中华民族伟大复兴中国梦，不仅要全面推进社会主义经济、政治、文化、社会和生态文明建设，而且还必须加强国防和军队建设。富国和强军都是建设社会主义现代化强国的战略任务，都是坚持和发展中国特色社会主义、实现“两个一百年”奋斗目标和中华民族伟大复兴的重要基石。习近平总书记指出：“建设一支听党指挥、能打胜仗、作风优良的人民军队，是党在新形势下的强军目标。”③

听党指挥是灵魂，是新时期军队建设的政治方向；能打胜仗是核心，反映着部队的根本职责；作风优良是政治保证，体现着军队的性质、宗旨、本色。新时期强军目标关系着军队建设、改革和军事斗争的胜利，关系着国防和军队建设的水平。做到听党指挥这个强军之魂，就是要坚持党对军队绝对领导，就是要保证人民军队的根本宗旨，确保部队绝对忠诚、绝对纯洁、绝对可靠，一切行动听从党中央和中央军委指挥；要抓住能打仗、打胜仗这个强军之要，坚持用打仗的标准推进军事斗争准备，不断强化官兵当兵打仗、带兵打仗、练兵打仗思想，坚持从实战需要出发从难从严训练部队，坚持以军事斗争准备为龙头带动现代化建设，全面提高部队以打赢信息化条件下局部战争能力为核心的完成多样化军

---

① 中共中央文献研究室．十八大以来重要文献选编（中）．北京：中央文献出版社，2016：147.

② 习近平．决胜全面建成小康社会　夺取新时代中国特色社会主义伟大胜利——在中国共产党第十九次全国代表大会上的报告．人民日报，2017-10-28（1-5）.

③ 习近平．习近平谈治国理政．北京：外文出版社，2014：220.

事任务的能力；要夯实依法治军、从严治军这个强军之基，保持人民军队长期形成的良好形象。十九大报告对强军目标做出了要求："力争到二〇三五年基本实现国防和军队现代化，到本世纪中叶把人民军队全面建成世界一流军队"①。新时代坚持和发展的中国特色社会主义其中之意就有坚持新时代强军目标、建设世界一流军队，中国特色社会主义的应有之意就是要实现富国和强军的统一。

七、新时代的大国外交

习近平总书记在党的十九大报告中明确指出：新时代中国特色社会主义思想"明确中国特色大国外交要推动构建新型国际关系，推动构建人类命运共同体"②。当今世界尽管仍处于和平与发展的大背景之中，但仍然是一个充满机遇与挑战的世界。实现中华民族伟大复兴的目标，"实现我们的奋斗目标，必须有和平国际环境"③。中国渐渐融入国际社会，在处理好自己的事情的同时，也要积极处理好中国和世界各国的关系，一个和谐的外部环境必将有利于国内经济的发展，同时也为世界和平与发展作出贡献。习近平总书记在十九大上指出："中国将高举和平、发展、合作、共赢的旗帜，恪守维护世界和平、促进共同发展的外交政策宗旨，坚定不移在和平共处五项原则基础上发展同各国的友好合作，推动建设相互尊重、公平正义、合作共赢的新型国际关系。"④"要切实运筹好大国关系，构建健康稳定的大国关系框架"；"要切实加强同发展中国家的团结合作，把我国发展与广大发展中国家共同发展紧密联系起来"；"要切实抓好周边外交工作，打造周边命运共同体"；"要切实推进多边外交，推动国际体系和全球治理改革"⑤。中国积极推进"一带一路"建设，努力与国际社会一起构建和谐发展的国际合作，努力通过务实合作促进互利共赢。中国在推动国际秩序朝着更加公正合理的方向发展的过程中发挥着越来越重要的作用，协力构建人类命运共同体，造福世界各国人民。我们在新时代所要坚持和发展的中国特色社会主义，就是坚持走和平发展道路、积极推动构建新型国际关系和人类命运共同体的中国特色社会主义。

八、关于中国特色社会主义新时代的党的领导

习近平总书记在党的十九大报告中明确指出：新时代中国特色社会主义思想"明确中国特色社会主义最本质的特征是中国共产党领导，中国特色社会主义制度的最大优势是中国共产党领导，党是最高政治领导力量，提出新时代党的建设总要求，突出政治建设在党的建设中的重要地位"⑥。中国特色社会主义的建设和发展与中国共产党是密不可分的，一方面，中国共产党是中国特色社会主义的创立者；另一方面，中国共产党是中国特色社会主义事业的领导者，并且是坚强的领导核心。没有共产党，就没有新中国，更不会有当前中国特色社会主义蓬勃向上的事业。"党政军民学、东西南北中，党是领导一切的。"⑦党是最高的政治领导力量。

①②④⑥⑦　习近平．决胜全面建成小康社会　夺取新时代中国特色社会主义伟大胜利——在中国共产党第十九次全国代表大会上的报告．人民日报，2017-10-28（1-5）．

③　习近平谈治国理政．北京：外文出版社，2014：248．

⑤　新华社．中央外事工作会议在京举行　习近平发表重要讲话．人民日报，2014-11-30（1）．

党的十八大以来，以习近平同志为核心的党中央肩负时代使命，履行对民族、对人民、对党的责任，带领全国人民进行伟大斗争、推进伟大事业、实现伟大梦想。“三个伟大”的实践必须毫不动摇坚持和完善党的领导，毫不动摇推进党的建设新的伟大工程。全面从严治党，核心是加强党的领导。十九大报告指出：“党的政治建设是党的根本性建设，决定党的建设方向和效果。保证全党服从中央，坚持党中央权威和集中统一领导，是党的政治建设的首要任务。”

新时代坚持党要管党、全面从严治党，就要坚持以党的政治建设为核心，不断提高党的建设质量，把党建设成为引领时代、人民拥护、经得起挫折考验、充满活力的马克思主义执政党。只有把党建设好，使党永葆旺盛生命力和强大战斗力，才能带领人民成功应对重大挑战、抵御重大风险、克服重大阻力、解决重大矛盾，不断把新时代中国特色社会主义事业全面推向前进，最终实现“两个一百年”奋斗目标、实现中华民族伟大复兴中国梦。

习近平新时代中国特色社会主义思想从根本上回答了在新时代坚持和发展什么样的中国特色社会主义的问题，同时也在一定意义上回答了在新时代怎样坚持和发展中国特色社会主义的问题，构成了其最基本的内涵。习近平新时代中国特色社会主义思想所具有的科学理论内涵和科学理论价值必将随着实践的发展不断丰富。

第四节 习近平新时代中国特色社会主义思想的理论和实践意义

学习目标

掌握习近平新时代中国特色社会主义思想的理论和实践意义。

学习内容提要

阅读教材相关章节，重点学习掌握习近平新时代中国特色社会主义思想的理论和实践意义。

学习步骤

1. 认真阅读习近平在中国共产党第十九次全国代表大会上作的题为《决胜全面建成小康社会　夺取新时代中国特色社会主义伟大胜利》的报告。

2. 思考问题：

（1）我们如何理解习近平新时代中国特色社会主义思想的理论和实践意义？

（2）作为一名在校大学生，我们该如何学习和践行习近平新时代中国特色社会主义思想？

学习内容详解

党的十八大以来的五年，是党和国家发展进程中极不平凡的五年。国际方面，世界经济复苏乏力、局部冲突和动荡频发、全球性问题加剧；国内方面，我国经济发展进入了新常态。以习近平同志为核心的党中央坚持稳中求进总基调，解决了许多长期想解决而没有解决的难题，办成了许多过去想办而没有办成的大事，形成了习近平新时代中国特色社会主义思想。正是在这一思想的指导下，十八大以来的五年里，我们进行了历史性变革、取得了新时期的历史性成就。

党的十九大通过的《中国共产党章程（修正案）》指出："十八大以来，以习近平同志为主要代表的中国共产党人，顺应时代发展，从理论和实践结合上系统回答了新时代坚持和发展什么样的中国特色社会主义、怎样坚持和发展中国特色社会主义这个重大时代课题，创立了习近平新时代中国特色社会主义思想。习近平新时代中国特色社会主义思想是对马克思列宁主义、毛泽东思想、邓小平理论、'三个代表'重要思想、科学发展观的继承和发展，是马克思主义中国化最新成果，是党和人民实践经验和集体智慧的结晶，是中国特色社会主义理论体系的重要组成部分，是全党全国人民为实现中华民族伟大复兴而奋斗的行动指南，必须长期坚持并不断发展。"

一、习近平新时代中国特色社会主义思想的理论意义

1. 从马克思主义中国化的历史来看，习近平新时代中国特色社会主义思想是马克思主义中国化理论的最新成果

习近平新时代中国特色社会主义思想是以马克思列宁主义、毛泽东思想、邓小平理论、"三个代表"重要思想、科学发展观为思想来源和理论基础的，习近平新时代中国特色社会主义思想是对马克思列宁主义、毛泽东思想、邓小平理论、"三个代表"重要思想、科学发展观的继承和发展，与后者是一脉相承而又与时俱进的关系。

党的十八大之前，我们党在把马克思主义与中国实际相结合、推进马克思主义中国化的历史进程中，已经实现了两次历史性飞跃，形成了马克思主义中国化的两大理论成果，这就是毛泽东思想和包括邓小平理论、"三个代表"重要思想、科学发展观在内的中国特色社会主义理论体系。其中，毛泽东思想是第一次历史性飞跃的理论成果，中国特色社会主义理论体系是第二次历史性飞跃的理论成果。习近平新时代中国特色社会主义思想作为马克思主义中国化最新成果，虽然也是中国特色社会主义理论体系的重要组成部分，但其形成的时代条件、所要解决的社会主要矛盾、所要回答的时代课题都已经发生了重大变化。包括邓小平理论、"三个代表"重要思想、科学发展观在内的中国特色社会主义理论体系形成于改革开放历史新时期，所要解决的社会主要矛盾是人民日益增长的物质文化需要同落后的社会生产之间的矛盾，所要回答的时代课题是"什么是社会主义、怎样建设社会主义"，以及"建设什么样的党、怎样建设党"和"实现什么样的发展、怎样发展"；而习近平新时代中国特色社会主义思想则形成于中国特色社会主义新时代，所要解决的社会主要矛盾是人民日益增长的美好生活需要和不平衡不充分的发展之间的矛盾，所要回答的时代课题则是新时代坚持和发展什么样的中国特色社会主义、怎样坚持和发展什么样的中

国特色社会主义。

这些重大变化表明，党的十八大以来，马克思主义中国化已经实现了新的历史性飞跃，习近平新时代中国特色社会主义思想便是马克思主义中国化新的历史性飞跃的理论成果。这就是该思想在马克思主义发展史及马克思主义中国化历史上的重要地位。

2. 从社会主义发展史来看，习近平新时代中国特色社会主义思想是对社会主义的坚持和发展

习近平新时代中国特色社会主义思想是在科学社会主义基本原则指导中国特色社会主义新时代的具体实际的基础上产生的。这一思想既坚持马克思主义基本原理和科学社会主义基本原则，又紧密结合中国的具体情况，创造性地提出了一系列新理念新思想新战略。这一思想对人类社会发展规律、社会主义建设规律、中国特色社会主义的发展规律、共产党执政规律进行了新认识、新发展。

中国共产党是高度重视理论建设和科学理论指导的党。她从诞生之日起，就将马克思列宁主义写到了自己的旗帜上，确立为自己的行动指南。党在领导中国革命、建设和改革的长期实践中，始终坚持以马克思列宁主义为指导，并把马克思列宁主义与中国革命、建设和改革的具体实践和时代特征相结合，先后形成了毛泽东思想、邓小平理论、“三个代表”重要思想、科学发展观。马克思列宁主义、毛泽东思想是已经被实践证明了的科学理论，在改革开放新时期形成的邓小平理论、“三个代表”重要思想、科学发展观的科学性也已经在实践中得到证明。习近平新时代中国特色社会主义思想作为对马克思列宁主义、毛泽东思想、邓小平理论、“三个代表”重要思想、科学发展观的继承和发展，作为马克思主义中国化最新成果，当然也具有科学的属性。而且习近平新时代中国特色社会主义思想的科学性也已经为党的十八大以来我国改革开放和社会主义现代化建设的实践所证明。

20 世纪 90 年代，随着苏联解体、东欧剧变，社会主义面临着严峻的挑战。1989 年，美国政治学者弗朗西斯·福山发表文章《历史的终结》，指出冷战的结束不仅仅意味着以美国和苏联为首的两大阵营之间意识形态对抗的结束，更意味着人类意识形态演进的终点和作为人类最后的政府形式的西方自由民主的普遍化。在他看来，人类社会尝试过无数种政治制度，包括君主专制、个人独裁、军人专政、法西斯主义、政教合一等，然而历史演进表明，以美国为代表的自由民主将是所有国家的必然归宿。他的“历史终结论”，被认为是自由民主的胜利宣言，为西方国家（尤其是美国）在全世界推广自由民主提供了重要的理论基础。从此以后，“自由、民主”的理念将作为社会进步的常识而为世人所普遍接受。不论人们所处的社会正处于何种形态，这一人类理论的实现进程是不可更改的。

改革开放 40 余年来，中国经济取得了举世瞩目的历史成就：中国经济增速一直维持中高速发展水平，人民的生活水平不断提高，中国 GDP 在世界的排名从 1978 年的 15 位（3 679 亿元）提升到 2018 年的世界第二（900 309 亿元）；科技方面取得了一系列重要科研成果，墨子传信、神舟飞天、高铁飞驰、天眼探空、北斗组网、超算发威、移动支付、网上购物……中国正在越来越多的科技领域走进了世界前列甚至位居世界第一；在 40 余年来的快速发展下，我国的国际地位也日益提高，在国际事务中发挥着日益重要的作用，成为维护和促进世界和平与发展的重要力量；40 余年来，中国人民的生活质量有了质的飞跃，从那个吃了上顿没下顿的年代到现在电灯电话、汽车家电都已进入寻常百姓家，人民的生活追求早已不仅限于吃饱穿暖，而是开始追求有品质、有品位的生活……

十九大报告指出："中国特色社会主义进入新时代，意味着近代以来久经磨难的中华民族迎来了从站起来、富起来到强起来的伟大飞跃，迎来了实现中华民族伟大复兴的光明前景；意味着科学社会主义在二十一世纪的中国焕发出强大生机活力，在世界上高高举起了中国特色社会主义伟大旗帜；意味着中国特色社会主义道路、理论、制度、文化不断发展，拓展了发展中国家走向现代化的途径，给世界上那些既希望加快发展又希望保持自身独立性的国家和民族提供了全新选择，为解决人类问题贡献了中国智慧和中国方案。"①中国特色社会主义取得的巨大成就表明，社会主义具有强大的生命力，习近平新时代中国特色社会主义思想不断推进着社会主义向前发展。

二、习近平新时代中国特色社会主义思想的实践意义

1. 习近平新时代中国特色社会主义思想是党和人民实践经验和集体智慧的结晶

习近平新时代中国特色社会主义思想是以党的十八大以来的改革开放和社会主义现代化建设的实践经验为直接的现实根据和实践基础的。习近平新时代中国特色社会主义思想是以习近平同志为主要代表的中国共产党人在党和人民集体奋斗的实践中，在中国特色社会主义新时代的实际情况的基础上，在创造性运用马克思主义基本原理解决中国特色社会主义新时代新情况新问题的过程中形成的。

习近平新时代中国特色社会主义思想是党的十八大以来党领导人民对新时期改革开放和社会主义现代化建设的实践经验的总结，是中国共产党领导人民群众进行伟大实践经验的科学总结和理论概括。习近平新时代中国特色社会主义思想是十八大以来党的领导集体共同创造的，是集体智慧的结晶。这一思想之所以用习近平的名字来命名，是因为以习近平同志为核心的党中央以深刻的洞察力、敏锐的判断力、大无畏的决断力提出了一系列新理念新思想新战略，在新时代中国特色社会主义思想的形成过程中发挥了决定性的作用。

2. 习近平新时代中国特色社会主义思想是全党全国人民为实现中华民族伟大复兴而奋斗的行动指南

习近平新时代中国特色社会主义思想在新时代坚持和发展中国特色社会主义过程中、在实现"两个一百年"奋斗目标和中华民族伟大复兴中国梦的伟大实践中具有十分重要的指导作用。党的十八大以来，在习近平新时代中国特色社会主义思想的指导下，我们党和国家的事业取得了全方位的、开创性的成就，发生了深层次的、根本性的变革，推动中国特色社会主义进入了新时代。这也正是党的十九大把习近平新时代中国特色社会主义思想确立为党的指导思想的最根本的原因。

3. 习近平新时代中国特色社会主义思想是党的行动指南

党的十九大强调新时代中国特色社会主义思想必须长期坚持并不断发展，同时要求"全党要深刻领会新时代中国特色社会主义思想的精神实质和丰富内涵，在各项工作中全

---

① 习近平．决胜全面建成小康社会　夺取新时代中国特色社会主义伟大胜利——在中国共产党第十九次全国代表大会上的报告．人民日报，2017-10-28（1-5）.

面准确贯彻落实"[1]。大会指出，在党章中将习近平新时代中国特色社会主义思想同马克思列宁主义、毛泽东思想、邓小平理论、"三个代表"重要思想、科学发展观一起确立为党的行动指南。党的十九大通过的《中国共产党章程（修正案）》指出："中国共产党以马克思列宁主义、毛泽东思想、邓小平理论、'三个代表'重要思想、科学发展观、习近平新时代中国特色社会主义思想作为自己的行动指南。"

时代在发展，实践在发展，科学在发展。马克思主义是随着时代、实践和科学的发展而不断发展的科学。以马克思主义为科学指南的中国共产党，要在新的时代条件下坚持和发展中国特色社会主义，不断把党和国家事业推向前进，完成自己肩负的历史使命，就必须高度重视理论的作用。党的十九大把习近平新时代中国特色社会主义思想郑重载入《中国共产党章程》，正式确立为党的指导思想，实现了党的指导思想的又一次与时俱进。这是符合党心民意的重大决策，是推动当代中国马克思主义创新发展的客观需要，是巩固全党团结奋斗的共同思想基础、增强全党理论自信和战略定力的内在要求，是用发展着的马克思主义指导新的实践、坚持发展新时代中国特色社会主义的必然选择，对在新的历史起点上进行伟大斗争、建设伟大工程、推进伟大事业、实现伟大梦想具有重大现实意义和深远历史意义。

党的十八大以来，以习近平同志为核心的党中央坚持以马克思列宁主义、毛泽东思想、邓小平理论、"三个代表"重要思想、科学发展观为指导，以坚持和发展中国特色社会主义为目标，提出一系列新理念新思想新战略，出台了一系列重大方针政策，推动了马克思主义中国化的历史进程，开辟了中国特色社会主义的新境界。2017 年 10 月，党的十九大科学总结和系统阐述了这一最新理论成果——习近平新时代中国特色社会主义思想，将其与马克思列宁主义、毛泽东思想、邓小平理论、"三个代表"重要思想、科学发展观一道写入党章确立为党的行动指南，从而实现了中国共产党指导思想的又一次与时俱进。党的十九大"要求全党以习近平新时代中国特色社会主义思想统一思想和行动，增强学习贯彻的自觉性和坚定性，把习近平新时代中国特色社会主义思想贯彻到社会主义现代化建设全过程、体现到党的建设各方面"[2]。深入学习宣传贯彻党的十九大精神，最根本的是要深入学习、深刻理解、正确把握其思想内涵，自觉坚持用其武装头脑、统一思想、指导实践、推动工作，奋力夺取新时代中国特色社会主义伟大胜利。

资料小链接

下面是 2018 年 1 月 5 日习近平在学习贯彻党的十九大精神研讨班开班式上的讲话节选。

新时代中国特色社会主义是我们党领导人民进行伟大社会革命的成果，也是我们党领导人民进行伟大社会革命的继续，必须一以贯之进行下去。历史和现实都告诉我们，一场社会革命要取得最终胜利，往往需要一个漫长的历史过程。只有回看走过的路、比较别人的路、远眺前行的路，弄清楚我们从哪儿来、往哪儿去，很多问题才能看得深、把得准。

---

① 习近平．决胜全面建成小康社会　夺取新时代中国特色社会主义伟大胜利——在中国共产党第十九次全国代表大会上的报告．人民日报，2017-10-28（1-5）.

② 中国共产党第十九次全国代表大会关于《中国共产党章程（修正案）》的决议．人民日报，2017-10-25（2）.

中国特色社会主义不是从天上掉下来的，而是在改革开放40年的伟大实践中得来的，是在中华人民共和国成立近70年的持续探索中得来的，是在我们党领导人民进行伟大社会革命97年的实践中得来的，是在近代以来中华民族由衰到盛170多年的历史进程中得来的，是对中华文明5 000多年的传承发展中得来的，是党和人民历经千辛万苦、付出各种代价取得的宝贵成果。得到这个成果极不容易。

科学社会主义在中国的成功，对马克思主义、科学社会主义的意义，对世界社会主义的意义，是十分重大的。党的十九大作出中国特色社会主义进入新时代这个重大政治论断，我们必须认识到，这个新时代是中国特色社会主义新时代，而不是别的什么新时代。党要在新的历史方位上实现新时代党的历史使命，最根本的就是要高举中国特色社会主义伟大旗帜。

不忘初心，牢记使命，就不要忘记我们是共产党人，我们是革命者，不要丧失了革命精神。昨天的成功并不代表着今后能够永远成功，过去的辉煌并不意味着未来可以永远辉煌。时代是出卷人，我们是答卷人，人民是阅卷人。要实现党和国家兴旺发达、长治久安，全党同志必须保持革命精神、革命斗志，勇于把我们党领导人民进行了97年的伟大社会革命继续推进下去，决不能因为胜利而骄傲，决不能因为成就而懈怠，决不能因为困难而退缩，努力使中国特色社会主义展现更加强大、更有说服力的真理力量。

要把新时代坚持和发展中国特色社会主义这场伟大社会革命进行好，我们党必须勇于进行自我革命，把党建设得更加坚强有力。勇于自我革命，从严管党治党，是我们党最鲜明的品格，全面从严治党永远在路上。在统揽伟大斗争、伟大工程、伟大事业、伟大梦想中，起决定性作用的是新时代党的建设新的伟大工程。在新时代，我们党必须以党的自我革命来推动党领导人民进行的伟大社会革命，把党建设成为始终走在时代前列、人民衷心拥护、勇于自我革命、经得起各种风浪考验、朝气蓬勃的马克思主义执政党，这既是我们党领导人民进行伟大社会革命的客观要求，也是我们党作为马克思主义政党建设和发展的内在需要。

必须看到，决胜全面建成小康社会的艰巨任务、实现中华民族伟大复兴的历史使命，对我们党提出了前所未有的新挑战新要求，影响党的先进性、弱化党的纯洁性的各种因素具有很强的危险性和破坏性。这决定了新时代党的建设新的伟大工程，既要培元固本，也要开拓创新，既要把住关键重点，也要形成整体态势，特别是要发挥彻底的自我革命精神。

以史为鉴可以知兴替。功成名就时做到居安思危、保持创业初期那种励精图治的精神状态不容易，执掌政权后做到节俭内敛、敬终如始不容易，承平时期严以治吏、防腐戒奢不容易，重大变革关头顺乎潮流、顺应民心不容易。我们党要始终成为时代先锋、民族脊梁，始终成为马克思主义执政党，自身必须始终过硬。

要把我们党建设好，必须抓住"关键少数"。中央委员会成员和省部级主要领导干部必须做到信念过硬，带头做共产主义远大理想和中国特色社会主义共同理想的坚定信仰者和忠实实践者；必须做到政治过硬，牢固树立"四个意识"，在思想政治上讲政治立场、政治方向、政治原则、政治道路，在行动实践上讲维护党中央权威、执行党的政治路线、严格遵守党的政治纪律和政治规矩；必须做到责任过硬，树立正确政绩观，发扬求真务实、真抓实干的作风，以钉钉子精神担当尽责，真正做到对历史和人民负责；必须做到能力过硬，不断掌握新知识、熟悉新领域、开拓新视野，全面提高领导能力和执政水平；必须做到作风过硬，把人民群众放在心中，广泛开展调查研究，在全心全意为人民服务中提升政治站位、提高工作能力，在真心实意向人民学习中拓展工作视野、丰富工作经验、提高理论联系实际的水平，在倾听人民呼声、虚心接受人民监督中自觉进行自我反省、自我批评、自我教育，在服务人民中不断完善自己，持之以恒克服形式主义、官僚主义，久久为功祛除享乐主义和奢靡之风。

领导干部要把践行"三严三实"贯穿于全部工作生活中，养成一种习惯、化为一种境界。要加强道德修养，带头弘扬社会主义核心价值观，明辨是非善恶，追求健康情趣，不断向廉洁自律的高标准看齐，做到心有所戒、行有所止，守住底线、不碰高压线。每个领导干部都应该把洁身自好作为第一关，从小事小节上加强约束、规范自己，坚决反对特权思想、特权现象，习惯在受监督和约束的环境中工作生活，炼就过硬的作风。

"备豫不虞，为国常道。"当前，我国正处于一个大有可为的历史机遇期，发展形势总的是好的，但前进道路不可能一帆风顺，越是取得成绩的时候，越是要有如履薄冰的谨慎，越是要有居安思危的忧患，绝不能犯战略性、颠覆性错误。面对波谲云诡的国际形势、复杂敏感的周边环境、艰巨繁重的改革发展稳定任务，我们既要有防范风险的先手，也要有应对和化解风险挑战的高招；既要打好防范和抵御风险的有准备之战，也要打好化险为夷、转危为机的战略主动战。我们要继续进行具有许多新的历史特点的伟大斗争，准备战胜一切艰难险阻，朝着我们党确立的伟大目标奋勇前进。

练习题

一、单项选择题

1. 对全面建成小康社会做出战略部署是在：（　　）。

A. 十八大　　B. 十八届三中全会

C. 十八届四中全会　　D. 十八届五中全会

2. 对全面深化改革做出战略部署是在：（　　）。

A. 十八大　　B. 十八届一中全会

C. 十八届三中全会　　D. 十八届五中全会

3. 对全面依法治国做出战略部署是在：（　　）。

A. 十八大　　B. 十八届三中全会

C. 十八届四中全会　　D. 十八届五中全会

4. 对全面从严治党做出战略部署是在：（　　）。

A. 十八大　　B. 十八届三中全会

C. 十八届四中全会　　D. 十八届六中全会

5. 中国共产党第十九次全国代表大会，是在全面建成小康社会决胜阶段、中国特色社会主义进入（　　）的关键时期召开的一次十分重要的大会。

A. 新时期　　B. 新阶段　　C. 新征程　　D. 新时代

6. 中国共产党人的初心和使命，就是为中国人民________，为中华民族________。（　　）

A. 谋幸福　谋未来　　B. 谋生活　谋复兴

C. 谋幸福　谋复兴　　D. 谋生活　谋未来

7. 五年来，我们统筹推进“________”总体布局、协调推进“________”战略布局。（　　）

A. 五位一体　四个全面　　B. 四位一体　五个全面

C. 五个全面　四位一体　　D. 四个全面　五位一体

8. 经过长期努力，中国特色社会主义进入了新时代，这是我国发展新的（　　）。

A. 未来方向　　B. 未来方位

C. 历史方向　　D. 历史方位

9. 中国特色社会主义进入新时代，我国社会主要矛盾已经转化为人民日益增长的________需要和________的发展之间的矛盾。（　　）

A. 美好生活　不充分不平衡　　B. 幸福生活　不平衡不充分

C. 幸福生活　不充分不平衡　　D. 美好生活　不平衡不充分

10. （　　）是实现社会主义现代化、创造人民美好生活的必由之路。

A. 中国特色社会主义道路　　B. 中国特色社会主义理论体系

C. 中国特色社会主义制度　　D. 中国特色社会主义文化

11. （　　）是指导党和人民实现中华民族伟大复兴的正确理论。

A. 中国特色社会主义道路　　B. 中国特色社会主义理论体系

C. 中国特色社会主义制度　　D. 中国特色社会主义文化

12. （　　）是当代中国发展进步的根本制度保障。

A. 中国特色社会主义道路　　B. 中国特色社会主义理论体系

C. 中国特色社会主义制度　　D. 中国特色社会主义文化

13. 中国特色社会主义最本质的特征是：（　　）。

A. “五位一体”总体布局　　B. 建设中国特色社会主义法治体系

C. 人民利益为根本出发点　　D. 中国共产党领导

14. 发展是解决我国一切问题的基础和关键，发展必须是科学发展，必须坚定不移贯彻（　　）的发展理念。

A. 创新、协调、绿色、开放、共享

B. 创造、协调、生态、开放、共享

C. 创新、统筹、绿色、开放、共享

D. 创造、统筹、生态、开放、共享

15. 从现在到 2020 年，是全面建成小康社会（　　）。

A. 决战期　　B. 决胜期　　C. 关键期　　D. 攻坚期

16. 实现“两个一百年”奋斗目标、实现中华民族伟大复兴的中国梦，不断提高人民生活水平，必须坚定不移把（　　）作为党执政兴国的第一要务。

A. 创新　　B. 改革　　C. 发展　　D. 开放

17. （　　）是引领发展的第一动力，是建设现代化经济体系的战略支撑。

A. 改革　　B. 创新　　C. 开放　　D. 科技

18. 确保到（　　）我国现行标准下农村贫困人口实现脱贫。

A. 2030 年　　B. 2020 年

C. 2025 年　　D. 2035 年

19. 推动形成全面开放新格局，要以（　　）建设为重点。

A. "金砖机制"　　B. 自贸区

C. "一带一路"　　D. 区域合作

20. 坚持党的领导、人民当家做主、依法治国有机统一。（　　）是社会主义民主政治的本质特征。

A. 党的领导　　B. 人民当家做主

C. 依法治国　　D. 政治体制改革

21. 加强人民当家做主制度保障。（　　）是坚持党的领导、人民当家做主、依法治国有机统一的根本政治制度安排。

A. 人民代表大会制度　　B. 多党合作和政治协商制度

C. 民族区域自治制度　　D. 基层群众自治制度

22. 我们要建设的现代化是人与自然（　　）的现代化。

A. 和谐相处　　B. 和睦相处

C. 和谐共生　　D. 和睦共生

23. 力争到 2035 年________国防和军队现代化，到本世纪中叶把人民军队________世界一流军队。（　　）

A. 全面实现　基本建成　　B. 全面实现　全面建成

C. 基本实现　基本建成　　D. 基本实现　全面建成

24. 军队是要准备打仗的，一切工作都必须坚持（　　）标准，向能打仗、打胜仗聚焦。

A. 战斗力　　B. 斗争力　　C. 战争力　　D. 硬实力

25. 解决台湾问题、实现祖国完全统一，是全体中华儿女________，是中华民族________所在。（　　）

A. 一致愿望　根本利益　　B. 共同愿望　本质利益

C. 一致愿望　本质利益　　D. 共同愿望　根本利益

26.（　　）是两岸关系的政治基础。

A. "九二共识"　　B. 反对"台独"

C. 一个中国原则　　D. 和平统一

27. 党的（　　）是党的根本性建设，决定党的建设方向和效果。

A. 思想建设　　B. 政治建设

C. 组织建设　　D. 制度建设

二、多项选择题

1. "中国梦"的基本内涵是：（　　）。

A. 实现国家富强　　B. 民族振兴

C. 人民幸福　　D. 中华民族伟大复兴

2. 这个新时代，是：（　　）。

A. 承前启后、继往开来、在新的历史条件下继续夺取中国特色社会主义伟大胜利的时代

B. 决胜全面建成小康社会、进而全面建设社会主义现代化强国的时代

C. 全国各族人民团结奋斗、不断创造美好生活、逐步实现全体人民共同富裕的时代

D. 全体中华儿女勠力同心、奋力实现中华民族伟大复兴中国梦的时代

E. 我国日益走近世界舞台中央、不断为人类作出更大贡献的时代

3. 全党要更加自觉地增强（　　），既不走封闭僵化的老路，也不走改旗易帜的邪路，保持政治定力，坚持实干兴邦，始终坚持和发展中国特色社会主义。

A. 道路自信　　B. 理论自信　　C. 制度自信

D. 文化自信　　E. 思想自信

4. 习近平新时代中国特色社会主义思想，是（　　），必须长期坚持并不断发展。

A. 对马克思列宁主义、毛泽东思想、邓小平理论、“三个代表”重要思想、科学发展观的继承和发展

B. 马克思主义中国化最新成果

C. 党和人民实践经验和集体智慧的结晶

D. 中国特色社会主义理论体系的重要组成部分

E. 全党全国人民为实现中华民族伟大复兴而奋斗的行动指南

5. 党政军民学，东西南北中，党是领导一切的。必须增强（　　），自觉维护党中央权威和集中统一领导。

A. 政治意识　　B. 大局意识　　C. 核心意识

D. 看齐意识　　E. 纪律意识

6. 建设一支（　　）的人民军队，是实现“两个一百年”奋斗目标、实现中华民族伟大复兴的战略支撑。

A. 听党指挥　　B. 骁勇善战

C. 能打胜仗　　D. 作风优良

7. 实施乡村振兴战略。（　　）问题是关系国计民生的根本性问题，必须始终把解决好“三农”问题作为全党工作重中之重。

A. 农业　　B. 农村　　C. 农民　　D. 农田

8. 巩固和发展爱国统一战线。坚持（　　），支持民主党派按照中国特色社会主义参政党要求更好履行职能。

A. 长期共存　　B. 互相监督

C. 肝胆相照　　D. 荣辱与共

9. 保持香港、澳门长期繁荣稳定，必须全面准确贯彻（　　）的方针。

A. “一国两制”　　B. “港人治港”

C. “澳人治澳”　　D. 高度自治

10. 中国将高举（　　）的旗帜，恪守维护世界和平、促进共同发展的外交政策宗旨。

A. 和平　　B. 发展　　C. 合作

D. 共赢　　E. 互惠

11. 坚定不移在和平共处五项原则基础上发展同各国的友好合作，推动建设（　　）的新型国际关系。

A. 相互尊重　　B. 公平正义

C. 互不干涉　　　　　　　　　　　　D. 合作共赢

12. 新时代党的建设总要求是：（　　）。

A. 坚持和加强党的全面领导，坚持党要管党、全面从严治党

B. 以加强党的长期执政能力建设、先进性和纯洁性建设为主线，以党的政治建设为统领，以坚定理想信念宗旨为根基，以调动全党积极性、主动性、创造性为着力点

C. 全面推进党的政治建设、思想建设、组织建设、作风建设、纪律建设

D. 把制度建设贯穿其中，深入推进反腐败斗争，不断提高党的建设质量

E. 把党建设成为始终走在时代前列、人民衷心拥护、勇于自我革命、经得起各种风浪考验、朝气蓬勃的马克思主义执政党

13. 青年兴则国家兴，青年强则国家强。青年一代（　　），国家就有前途，民族就有希望。

A. 有品德　　　　　　　　　　　　B. 有理想

C. 有本领　　　　　　　　　　　　D. 有担当

14. 全党全国各族人民要紧密团结在党中央周围，高举中国特色社会主义伟大旗帜，锐意进取，埋头苦干，为实现推进现代化建设、完成祖国统一、维护世界和平与促进共同发展三大历史任务，为（　　）继续奋斗！

A. 决胜全面建成小康社会

B. 夺取新时代中国特色社会主义伟大胜利

C. 全面建成社会主义现代化强国

D. 实现中华民族伟大复兴的中国梦

E. 实现人民对美好生活的向往

第八专题
坚定不移地推进改革开放

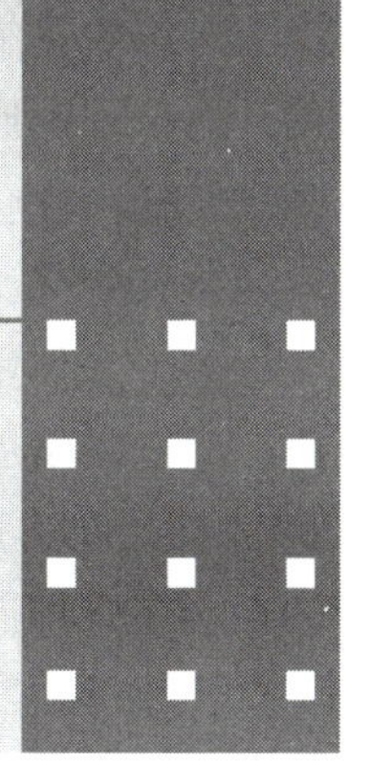

学习目标

通过学习，了解我国社会主义改革开放的历史由来、改革的原则和方向、改革开放所取得的巨大成就。重点把握改革的性质和目标，理解改革是社会主义制度的自我完善和自我发展，是解决社会主义社会的基本矛盾的有效途径。坚定坚持社会主义改革开放的信念。

学习内容提要

通过回顾我国实施改革开放的历史，有重点地学习自党的十一届三中全会以来有关改革开放的重大事件和基本理论，特别是学习改革开放的必然性和必要性、改革开放的理论依据和现实依据。

学习步骤

1. 请认真阅读本专题中的【学习内容详解】，并同步通过网络学习教师对本专题内容的视频讲解。

2. 可结合参观“复兴之路”等反映我国社会主义改革开放的相关展览，思考问题：

(1) 为什么说改革开放是决定当代中国命运的关键抉择？

(2) 怎样理解坚持改革开放必须不动摇、不懈怠、不折腾？

学习内容详解

一、改革开放是决定当代中国命运的关键抉择

1. 改革开放是中国的第二次革命

中国共产党领导的第一次革命，把一个半殖民地半封建的旧中国变成了一个社会主义的新中国；中国共产党领导的第二次革命，将把一个经济文化落后的社会主义中国变成了

一个富强民主文明的现代化的社会主义中国。

改革是中国的第二次革命，因为：(1) 改革也是为了扫除发展生产力的障碍，解放生产力。革命是解放生产力，改革也是解放生产力，从这个意义上说，改革也可以叫革命。(2) 改革是对原有体制进行根本性的变革，而不是修补，是把原有的高度集中的计划经济体制转变为社会主义市场经济体制。(3) 改革引起了经济生活、社会生活、思想观念等一系列重大变化。

改革是在坚持社会主义基本制度的前提下，调整和改革生产关系和上层建筑中那些不适应生产力发展的环节和方面，包括在实践中摸索、创立、改善和完备体现社会主义基本制度本质的经济、政治、文化、社会的体制和一系列具体制度。因此，必须始终坚持改革的社会主义性质和方向。

不改革就没有出路，必须坚持社会主义改革；以改革为名改变社会主义性质也没有出路。在坚持改革开放和中国特色社会主义道路这一根本问题上，我们必须不动摇、不懈怠、不折腾，既不走封闭僵化的老路，也不走改旗易帜的邪路。

2. 改革是全面的改革

改革不仅涉及经济，还包括政治、文化等上层建筑的各个领域，将使社会生活的各个领域都发生革故鼎新的深刻变动。中国的改革是全面的改革，这是由改革所担负的任务决定的。邓小平认为，实现社会主义现代化，是一场根本改变我国经济和技术落后面貌，巩固社会主义制度的伟大革命。这场革命既然要大幅度地改变落后的生产力，就必然要多方面地改变生产关系中不适应生产力发展的部分，改变上层建筑中不适应经济基础变化的部分，改变一切不适应生产力发展的管理方式、活动方式和思想方式，使之适应现代化大经济的需要。

改革的实质在于体制创新，而不是对原有体制进行细枝末节的修补。不进行体制创新，很多问题的解决就没有出路。改革引起了整个经济、政治、文化乃至社会各个领域的深刻变化，并将会引起人们行为规范、生活方式、精神状态、价值观念、是非标准的重大转变。

3. 全面改革的重点及评判标准

在全面改革中，经济体制改革是重点。因为通过经济体制改革，解放生产力，把国民经济搞上去，对当代中国来说是最根本最急迫的任务。经济体制改革需要政治体制及其他体制改革的配合，因此，在经济体制改革不断深化的进程中，政治体制改革也在不断地推进。与经济体制和政治体制改革相适应，科技、教育、文化、卫生体制等各个领域的改革也都有步骤、有秩序地全面展开，改革触及社会生活的各个方面和各个层面。

改革是决定中国命运的重大决策，它是理论上的创新，也是实践上的创举。邓小平在1992年视察南方的谈话中明确地提出了“三个有利于”的标准，即要以是否有利于发展社会主义社会的生产力、是否有利于增强社会主义国家的综合国力、是否有利于提高人民生活水平作为判断改革得失成败的根本标准。

党的十八大更进一步提出了必须坚持以人民为主体、必须更加注重社会公平正义、必须走共同富裕的道路等指导、评价改革开放的根本原则和标准，这是对“三个有利于”标准在新的时代条件下的重要发展和新的阐述。

二、正确处理改革、发展和稳定的关系

在社会主义建设实践中，改革、发展和稳定三者互相促进、互相统一，不可分割。邓小平在我国改革开放全面展开的历史进程中反复强调：稳定是中国实现社会主义现代化发展战略的必要前提，是中国的最高利益，中国的问题，压倒一切的是需要稳定，没有稳定的环境，什么都搞不成，已经取得的成果也会失掉。

发展是硬道理，中国解决所有问题的关键要靠自己的发展。改革是经济和社会发展的强大动力，是社会主义制度的自我完善和发展，它的决定性作用不仅在于解决当前经济和社会发展中的一些重大问题，推进社会生产力的解放和发展，还要为我国经济的持续发展和国家的长治久安打下坚实的基础。稳定是改革和发展的前提，改革和发展必须要有稳定的政治和社会环境。没有稳定的政治和社会环境，一切无从谈起。实践表明，改革、发展、稳定三者关系处理得当，就能总揽全局，保证经济社会的顺利发展；处理不当，就会吃苦头，付出代价。

改革开放以来党在处理改革、发展、稳定关系方面积累起来的经验和主要原则如下：

第一，保持改革、发展和稳定在动态中的相互协调和相互促进。稳定是前提，但稳定是相对的，不能因为改革有风险就不改革或者在改革中裹足不前，否则会导致更加严重、更加剧烈的社会不稳定；也不能因为在发展中可能出现不协调不平衡而不致力于发展。因此，需要统观全局，精心谋划，从整体上把握改革、发展、稳定之间的关系，做到在政治和社会稳定中推进改革和发展，在改革和发展的推进中实现政治和社会的长期稳定。

第二，把改革的力度、发展的速度和社会可以承受的程度统一起来。全面建设小康社会，必须深化改革，促进发展，但是改革和发展也不能不顾及社会稳定的内在要求。改革的胆子要大，步子要稳；要加快发展，但要注意协调发展。改革和发展要始终注意适应国情和社会的承受能力，要统筹安排改革和发展的举措，精心处理稳定同改革、发展的关系，着眼于“为之于未有，治之于未乱”，及时化解矛盾，排除不安定因素，以保持稳定，促进改革和发展。

第三，把不断改善人民生活作为处理改革、发展、稳定关系的重要结合点。人民群众是改革发展的主体和动力，是稳定的力量源泉和深厚基础。改善人民生活，让人民共享改革和发展的成果，是我们致力于发展、积极推进改革、坚持维护稳定的共同目的。所以，要做到把不断改善人民生活、让人民共享改革和发展的成果，作为处理改革、发展、稳定关系的重要结合点。为此，要坚持一切为了群众、一切依靠群众的工作路线，要坚持给人民群众以看得见的实际利益的工作原则，要坚持以着力解决人民群众生活中面临的实际问题为工作重点。

三、改革开放的历史经验

1. 坚定不移地坚持改革开放

改革开放是新的历史条件下新的伟大革命，必须坚定不移地向前推进。改革开放，是在世界社会主义运动处于低潮、和平发展已经成为时代主题、我国体制上积累的弊端已到妨碍社会主义发展的历史条件下，作出的决定当代中国命运的关键抉择。改革开放作为新的历史条件下一场新的伟大革命，必须坚定不移地向前推进，这是我们时代提出的历史性课题，是科学社会主义中国化发展的必然要求。从世界社会主义运动发展过程及全局看，体制改革是其中一个必经的发展环节，是当今时代提出的前沿性历史课题。国际共产主义运动的开创、发展和逐步取得胜利，需要各国工人阶级及其政党领导广大人民世代奋斗，并不断解决各个时代的历史性课题。从历史唯物主义的高度看，体制改革的历史必然性取决于社会主义社会的基本矛盾，目的在于进一步解放和发展生产力、促进社会全面进步。我国改革开放的伟大实践所取得的辉煌成就有力地表明，我国实行改革开放是完全正确的战略决策，是发展中国特色社会主义、实现中华民族伟大复兴的必由之路。从科学社会主义理论与实践的具体和历史的统一看，只有通过改革开放的实践探索，才能找到和形成适合我国国情的社会主义道路和发展模式。

2. 坚定不移地坚持解放思想

40 年改革开放的实践表明，坚持解放思想，是坚持和发展中国特色社会主义必需的思想条件，是事关党和国家前途命运的重大政治问题。40 年来，解放思想孕育了中国特色社会主义，改革开放创造着中国特色社会主义。没有解放思想，就没有改革开放大门的打开；改革开放的每一步推进，都是解放思想为其创造条件，中国特色社会主义道路就是在不断解放思想、不断推进改革中逐步明晰、发展前进的。基于对 20 世纪 80 年代实践的总结，邓小平在南方谈话中强调不要陷入姓“资”姓“社”的抽象概念争论，看准了的要大胆试、大胆闯。也正是邓小平的南方谈话，掀起了新一轮全党解放思想的热潮，极大地加快了 20 世纪 90 年代以来中国的改革与发展的步伐，为中国经济快速起飞打下了思想基础。如果说当时开创中国特色社会主义道路必须解放思想，那么今天面对我国经济社会的快速变化，如何发展中国特色社会主义，更需要解放思想。进入 21 世纪以来，面对新情况新问题，发展中国特色社会主义仍然必须坚定不移地坚持解放思想。解放思想，是党的思想路线的本质要求，是我们应对前进道路上各种新情况新问题、不断开创事业新局面的一大法宝。解放思想是坚持实事求是必需的前提，没有解放思想就不可能真正做到实事求是。

党的十九大报告指出：“坚持解放思想、实事求是、与时俱进、求真务实，坚持辩证唯物主义和历史唯物主义，紧密结合新的时代条件和实践要求，以全新的视野深化对共产党执政规律、社会主义建设规律、人类社会发展规律的认识，进行艰辛理论探索，取得重大理论创新成果，形成了新时代中国特色社会主义思想。”① 坚持从中国的实际国情出发，以解放思想为强大思想武器，不断探索和努力把握建设中国特色社会主义的基本规律，才能真正把我们的事业推向前进。

3. 坚定不移地坚持改革的社会主义方向

我们要坚定不移地推进改革开放，就必须坚定不移地始终保持改革开放的正确方向。因为改革开放是社会主义制度的自我完善和发展，所以始终保持改革开放的正确方向是它内在的客观逻辑和现实要求。我国在作为阶级的剥削阶级被消灭以后，阶级斗争已不再是社会的主要矛盾。但由于国内的因素和国际的影响，阶级斗争还将在一定范围内长期存

---

① 习近平．决胜全面建成小康社会　夺取新时代中国特色社会主义伟大胜利——在中国共产党第十九次全国代表大会上的报告．人民日报，2017-10-28（1-5）．

在，在某种条件下还有可能激化。因此，国内外敌对势力会极力破坏、干扰我国的改革开放，企图实施“西化”和“分化”中国的战略图谋。同时，由于各种复杂原因，社会上对改革开放也客观地存在着不同看法。除了在拥护改革开放的广大人民群众、党员和干部中尚存在认识差异以外，还会长期面临“左”的和右的两种错误思潮的干扰。所以，坚定不移地始终保持改革开放的正确方向，是我们坚定不移地坚持和不断推进改革开放的重要政治前提。所谓“始终保持改革开放的正确方向”，就是在改革开放的实质和发展方向上，必须通过体制改革和体制创新，力求完善、巩固和发展社会主义制度，而不是怀疑、背离和抛弃社会主义制度。即在现阶段以市场为取向的经济体制改革中，必须坚持公有制为主体、多种所有制经济共同发展，既不能搞私有化，也不能搞纯而又纯的公有制经济；在政治体制改革中，必须坚持共产党的领导、健全和发展社会主义民主与法制，而不能搞资本主义的议会民主和资产阶级的多党制；在文化体制改革中，必须以马克思主义为指导发展社会主义文化，而不能搞指导思想的多元化和文化的全盘西化；等等。从根本上说，要始终保持改革开放的社会主义方向，就必须依靠党的思想理论和政治路线的正确指导，必须依靠社会主义基本制度的规范和保证。在社会主义初级阶段，始终坚持党的“一个中心、两个基本点”的基本路线不动摇，对此具有最为直接和关键性的决定作用。

4. 中国的发展离不开世界

改革和开放紧密相联，邓小平一方面把十一届三中全会以来的改革开放政策都叫改革，另一方面又把改革政策也称为开放政策，他说：“我们制定了两个开放的政策，即对外开放和对内开放。”① 不仅如此，他还把两者放在同等重要的地位，他说：“搞社会主义现代化建设，没有这两个开放不行。”② 对外开放和改革一起成为新时期中国最鲜明的特征。

改革开放后，邓小平十分重视对外开放的问题，多次论述了对外开放的重要性。1980年，在中央工作会议上的讲话中，邓小平正式使用了“对外开放”的表述，1984年党的十二届三中全会把实行对外开放定为基本国策。把对外开放作为基本国策，最重要的依据就是邓小平关于“现在的世界是开放的世界”和“中国的发展离不开世界”两个重要观点。

当今的世界是开放的世界，这是对世界经济发展历史的深刻总结，是生产社会化和商品经济、市场经济发展的必然结果。在开放的世界中不实行开放政策，只能限制自己的发展，甚至会给国家和民族带来灾难。

2015年9月，习近平在美国纽约联合国总部举行的第七十届联合国大会一般性辩论时的讲话中指出：“当今世界，各国相互依存、休戚与共。我们要继承和弘扬联合国的宗旨和原则，构建以合作共赢为核心的新型国际关系，打造人类命运共同体”③。中国的发展离不开世界，这是对中国发展历史的深刻总结。中国在西方国家产业革命以后变得落后了，一个重要的原因就是闭关自守。对外开放不仅是为了解决当前经济建设中的矛盾和困难，而且也是我国经济长期发展的客观要求。经过改革开放40年的经济发展，中国不仅已经摒弃了过去闭关自守的政策，而且已经成为世界市场、坚持对外开放的坚定支持者与捍卫者。

---

①② 邓小平．邓小平文选：第3卷．1版．北京：人民出版社，1993：210.

③ 习近平．习近平谈治国理政：第二卷．北京：外文出版社，2017：522.

2017年10月25日，习近平在十九届一中全会上指出：“全党同志必须牢记，改革开放是决定当代中国命运的关键一招，也是决定实现‘两个一百年’奋斗目标、实现中华民族伟大复兴的关键一招；没有改革开放，就没有中国特色社会主义，就没有今天中国兴旺发达的大好局面。”2018年是改革开放40周年，40年的改革开放使中国人民生活实现了小康，逐步富裕起来了。我们将总结经验、乘势而上，继续推进国家治理体系和治理能力现代化，坚定不移深化各方面改革，坚定不移扩大开放，使改革和开放相互促进、相得益彰。中华民族伟大复兴必将在改革开放的进程中得以实现。

2018年4月10日，习近平在出席博鳌亚洲论坛2018年年会开幕式时强调：“实践证明，过去40年中国经济发展是在开放条件下取得的，未来中国经济实现高质量发展也必须在更加开放条件下进行。这是中国基于发展需要作出的战略抉择，同时也是在以实际行动推动经济全球化造福世界各国人民。”“中国开放的大门不会关闭，只会越开越大！”

资料小链接

下面是2018年4月10日习近平在博鳌亚洲论坛2018年年会开幕式上的主旨演讲节选。

开放共创繁荣　创新引领未来

女士们、先生们、朋友们！

历史，总是在一些特殊年份给人们以汲取智慧、继续前行的力量。2018年是中国改革开放40周年，也是海南建省办经济特区30周年。海南省可谓“因改革开放而生，因改革开放而兴”。改革开放以来，海南从一个较为封闭落后的边陲岛屿，发展成为中国最开放、最具活力的地区之一，经济社会发展取得巨大成就。

一滴水可以反映出太阳的光辉，一个地方可以体现一个国家的风貌。海南发展是中国40年改革开放的一个重要历史见证。

1978年，在邓小平先生倡导下，以中共十一届三中全会为标志，中国开启了改革开放历史征程。从农村到城市，从试点到推广，从经济体制改革到全面深化改革，40年众志成城，40年砥砺奋进，40年春风化雨，中国人民用双手书写了国家和民族发展的壮丽史诗。

——40年来，中国人民始终艰苦奋斗、顽强拼搏，极大解放和发展了中国社会生产力。天道酬勤，春华秋实。中国人民坚持聚精会神搞建设、坚持改革开放不动摇，持之以恒，锲而不舍，推动中国发生了翻天覆地的变化。今天，中国已经成为世界第二大经济体、第一大工业国、第一大货物贸易国、第一大外汇储备国。40年来，按照可比价格计算，中国国内生产总值年均增长约9.5%；以美元计算，中国对外贸易额年均增长14.5%。中国人民生活从短缺走向充裕、从贫困走向小康，现行联合国标准下的7亿多贫困人口成功脱贫，占同期全球减贫人口总数70%以上。

——40年来，中国人民始终上下求索、锐意进取，开辟了中国特色社会主义道路。中国人民坚持立足国情、放眼世界，既强调独立自主、自力更生又注重对外开放、合作共赢，既坚持社会主义制度又坚持社会主义市场经济改革方向，既“摸着石头过河”又加强顶层设计，不断研究新情况、解决新问题、总结新经验，成功开辟出一条中国特色社会主义道路。中国人民的成功实践昭示世人，通向现代化的道路不止一条，只要找准正确方向、驰而不息，条条大路通罗马。

——40年来，中国人民始终与时俱进、一往无前，充分显示了中国力量。中国人民坚持解放思想、实事求是，实现解放思想和改革开放相互激荡、观念创新和实践探索相互促进，充分显示了思想引领的强大力量。中国人民勇于自我革命、自我革新，不断完善中国特色社会主义制度，不断革除阻碍发展的各方面体制机制弊端，充分显示了制度保障的强大力量。中国人民敢闯敢试、敢为人先，积极性、主动性、创造性空前高涨，充分显示了13亿多人民作为国家主人和真正英雄推动历史前进的强大力量。

——40年来，中国人民始终敞开胸襟、拥抱世界，积极作出了中国贡献。改革开放是中国和世界共同发展进步的伟大历程。中国人民坚持对外开放基本国策，打开国门搞建设，成功实现从封闭半封闭到全方位开放的伟大转折。中国在对外开放中展现大国担当，从引进来到走出去，从加入世界贸易组织到共建"一带一路"，为应对亚洲金融危机和国际金融危机作出重大贡献，连续多年对世界经济增长贡献率超过30%，成为世界经济增长的主要稳定器和动力源，促进了人类和平与发展的崇高事业。

今天，中国人民完全可以自豪地说，改革开放这场中国的第二次革命，不仅深刻改变了中国，也深刻影响了世界！

"天行有常"，"应之以治则吉"。中国进行改革开放，顺应了中国人民要发展、要创新、要美好生活的历史要求，契合了世界各国人民要发展、要合作、要和平生活的时代潮流。中国改革开放必然成功，也一定能够成功！

中国40年改革开放给人们提供了许多弥足珍贵的启示，其中最重要的一条就是，一个国家、一个民族要振兴，就必须在历史前进的逻辑中前进、在时代发展的潮流中发展。

女士们、先生们、朋友们！

放眼全球，当今世界正在经历新一轮大发展大变革大调整，人类面临的不稳定不确定因素依然很多。新一轮科技和产业革命给人类社会发展带来新的机遇，也提出前所未有的挑战。一些国家和地区的人民仍然生活在战争和冲突的阴影之下，很多老人、妇女、儿童依然饱受饥饿和贫穷的折磨。气候变化、重大传染性疾病等依然是人类面临的重大挑战。开放还是封闭，前进还是后退，人类面临着新的重大抉择。

面对复杂变化的世界，人类社会向何处去？亚洲前途在哪里？我认为，回答这些时代之问，我们要不畏浮云遮望眼，善于拨云见日，把握历史规律，认清世界大势。

当今世界，和平合作的潮流滚滚向前。和平与发展是世界各国人民的共同心声，冷战思维、零和博弈愈发陈旧落伍，妄自尊大或独善其身只能四处碰壁。只有坚持和平发展、携手合作，才能真正实现共赢、多赢。

当今世界，开放融通的潮流滚滚向前。人类社会发展的历史告诉我们，开放带来进步，封闭必然落后。世界已经成为你中有我、我中有你的地球村，各国经济社会发展日益相互联系、相互影响，推进互联互通、加快融合发展成为促进共同繁荣发展的必然选择。

当今世界，变革创新的潮流滚滚向前。中国的先人们早在2500多年前就认识到："苟利于民，不必法古；苟周于事，不必循俗"。变革创新是推动人类社会向前发展的根本动力。谁排斥变革，谁拒绝创新，谁就会落后于时代，谁就会被历史淘汰。

从顺应历史潮流、增进人类福祉出发，我提出推动构建人类命运共同体的倡议，并同有关各方多次深入交换意见。我高兴地看到，这一倡议得到越来越多国家和人民欢迎和认同，并被写进了联合国重要文件。我希望，各国人民同心协力、携手前行，努力构建人类命运共同体，共创和平、安宁、繁荣、开放、美丽的亚洲和世界。

——面向未来，我们要相互尊重、平等相待，坚持和平共处五项原则，尊重各国自主选择的社会制度和发展道路，尊重彼此核心利益和重大关切，走对话而不对抗、结伴而不结盟的国与国交往新路，不搞唯我独尊、你输我赢的零和游戏，不搞以邻为壑、恃强凌弱的强权霸道，妥善管控矛盾分歧，努力实现持久和平。

——面向未来，我们要对话协商、共担责任，秉持共同、综合、合作、可持续的安全理念，坚定维护以联合国宪章宗旨和原则为核心的国际秩序和国际体系，统筹应对传统和非传统安全挑战，深化双边和多边协作，促进不同安全机制间协调包容、互补合作，不这边搭台、那边拆台，实现普遍安全和共同安全。

——面向未来，我们要同舟共济、合作共赢，坚持走开放融通、互利共赢之路，构建开放型世界经济，加强二十国集团、亚太经合组织等多边框架内合作，推动贸易和投资自由化便利化，维护多边贸易体制，共同打造新技术、新产业、新业态、新模式，推动经济全球化朝着更加开放、包容、普惠、平衡、共赢的方向发展。

——面向未来，我们要兼容并蓄、和而不同，加强双边和多边框架内文化、教育、旅游、青年、媒体、卫生、减贫等领域合作，推动文明互鉴，使文明交流互鉴成为增进各国人民友谊的桥梁、推动社会进步的动力、维护地区和世界和平的纽带。

——面向未来，我们要敬畏自然、珍爱地球，树立绿色、低碳、可持续发展理念，尊崇、顺应、保护自然生态，加强气候变化、环境保护、节能减排等领域交流合作，共享经验、共迎挑战，不断开拓生产发展、生活富裕、生态良好的文明发展道路，为我们的子孙后代留下蓝天碧海、绿水青山。

女士们、先生们、朋友们！

去年10月召开的中共十九大宣告中国特色社会主义进入了新时代，制定了全面建设社会主义现代化强国的宏伟蓝图。中国特色社会主义进入新时代，掀开了实现中华民族伟大复兴的新篇章，开启了加强中国同世界交融发展的新画卷。

一个时代有一个时代的问题，一代人有一代人的使命。虽然我们已走过万水千山，但仍需要不断跋山涉水。在新时代，中国人民将继续自强不息、自我革新，坚定不移全面深化改革，逢山开路，遇水架桥，敢于向顽瘴痼疾开刀，勇于突破利益固化藩篱，将改革进行到底。中国人民将继续大胆创新、推动发展，坚定不移贯彻以人民为中心的发展思想，落实新发展理念，建设现代化经济体系，深化供给侧结构性改革，加快实施创新驱动发展战略、乡村振兴战略、区域协调发展战略，推进精准扶贫、精准脱贫，促进社会公平正义，不断增强人民获得感、幸福感、安全感。中国人民将继续扩大开放、加强合作，坚定不移奉行互利共赢的开放战略，坚持引进来和走出去并重，推动形成陆海内外联动、东西双向互济的开放格局，实行高水平的贸易和投资自由化便利化政策，探索建设中国特色自由贸易港。中国人民将继续与世界同行、为人类作出更大贡献，坚定不移走和平发展道路，积极发展全球伙伴关系，坚定支持多边主义，积极参与推动全球治理体系变革，构建新型国际关系，推动构建人类命运共同体。

无论中国发展到什么程度，我们都不会威胁谁，都不会颠覆现行国际体系，都不会谋

求建立势力范围。中国始终是世界和平的建设者、全球发展的贡献者、国际秩序的维护者。

练习题

单项选择题

1. 决定当代中国命运的关键抉择是：(　　)。

A. 确立以经济建设为中心点的党的工作重点

B. 改革开放

C. 解放思想

D. 建立社会主义市场经济体制

2. “改革是中国的第二次革命”是从：(　　)。

A. 扫除发展生产力的障碍这个意义上说的

B. 根本上改变一切不适应社会主义生产力发展的生产关系这个意义上说的

C. 改革是对社会各方面进行的根本性变革这个意义上说的

D. 推动发展中国特色社会主义事业这个意义上说的

3. 在现阶段，我国社会主义改革的重点是：(　　)。

A. 政治体制改革　　B. 经济体制改革

C. 文化体制改革　　D. 社会建设机制改革

第九专题 实现祖国完全统一

第一节 台湾问题的由来及现状

学习目标

明确“一个中国”的原则立场是解决台湾问题的基石和根本原则；知晓中国政府处理台湾问题的立场和方针。

学习内容提要

“一国两制”构想的科学内涵；坚持一个中国的原则；胡锦涛关于处理台湾问题的四点意见。

学习步骤

阅读教材相关内容，听教师讲解，并阅读下面的背景资料。

台湾自古以来就是中国领土不可分割的部分。历史上，台湾曾被西班牙、荷兰、日本先后占领过。抗日战争胜利后，中国人民终于收复了台湾。1949 年后，由于国共内战，台湾与祖国大陆处于分离的状态。70 年来，台湾的政治、经济、文化、社会等发生了巨大变化。

台湾岛是中国的第一大岛，位于祖国东南沿海的大陆架上，本岛总面积为 35 873 平方公里。台湾省包括台湾本岛、澎湖列岛、钓鱼岛、赤尾屿、兰屿、火烧岛和其他附属岛屿共 85 个，为中国的“多岛之省”。

台湾东临太平洋，西隔台湾海峡与福建相望，南靠巴士海峡与菲律宾群岛接壤，北向东海。台湾海峡为中国南北方之间的海上交通要道，是著名的远东海上走廊。台湾岛与庙岛群岛、舟山群岛、海南岛，构成一条海上“长城”，为中国东南沿海的天然屏障，素有“东南锁钥”“七省藩篱”之称。

学习内容详解

一、台湾问题的由来

台湾自古以来就是中国领土不可分割的组成部分。台湾人民同大陆人民同根、同宗、同源，承继的是相同的文化传统。台湾问题是中国国内战争遗留下来的问题。1949 年，中国人民取得了新民主主义革命的伟大胜利，国民党统治集团退踞台湾后，抗拒统一，图谋反攻大陆。朝鲜战争爆发后，美国军队进入台湾和台湾海峡地区，阻挠中国人民解放军解放台湾，从政治上、经济上、军事上扶持国民党政权，形成台湾与大陆长期分裂对峙的局面，台湾问题由此产生。

台湾问题实质是中国的内政问题。1895 年日本通过侵略战争从中国割占台湾、澎湖列岛，第二次世界大战期间的《开罗宣言》《波茨坦公告》等有关国际条约明确规定将台湾、澎湖列岛归还中国。1945 年日本无条件投降后，台湾回归中国，中国政府恢复对台湾行使主权。1949 年 10 月 1 日，中华人民共和国中央人民政府宣告成立，取代中华民国政府成为全中国的唯一合法政府和在国际上的唯一合法代表。这是在同一国际法主体没有发生变化的情况下新政权取代旧政权，中国的主权和固有领土疆域并未由此而改变，中华人民共和国政府理所当然地完全享有和行使中国的主权，其中包括对台湾的主权。

1949 年 3 月，新华社发表题为《中国人民一定要解放台湾》的时评，首次提出“解放台湾”的口号。朝鲜战争爆发后，人民解放军的战略重点由东南转向东北，解放台湾的计划被迫搁置。1953 年 7 月朝鲜停战，台湾当局加紧推动与美国签订“共同防御条约”。1954 年 7 月，中国共产党和中国政府再次提出解放台湾的任务，表示不能承认美国军事干涉和占领台湾，并于 9 月 3 日开始炮击金门，向国际社会，特别是向美国表明中国人民解放台湾的决心和立场。美国政府于 12 月与蒋介石集团签订“共同防御条约”，把台湾、澎湖列岛置于美国的“保护伞”下，阻挠中国统一。1955 年 1—2 月，中国人民解放军发动渡海战役，解放了一江山岛和大陈岛。

二、对台湾问题的意见

从 1987 年起至今，海峡两岸交流大体经历了单向交流、双向交流和两岸交流持续、稳定、有序地向前发展三个阶段。其间，1992 年，大陆海峡两岸关系协会（简称“海协”）和台湾海峡交流基金会（简称“海基会”）达成了各自以口头方式表述的“海峡两岸均坚持一个中国原则”的“九二共识”。这是在一个中国原则基础上，暂时搁置某些政治争议，以灵活方式求同存异而取得的重要成果，对推动两岸关系的发展起着十分重要的作用。根据台湾局势、两岸关系和国际形势的发展变化，1995 年 1 月 30 日，江泽民同志发表题为《为促进祖国统一大业的完成而继续奋斗》的重要讲话，进一步阐述了邓小平关于“和平统一、一国两制”思想的精髓，提出了现阶段发展两岸关系、推动祖国和平统一进程的八项主张。

十六大以后，胡锦涛总书记根据台湾问题出现的新的动向和情况，发表了关于处理台湾问题的四点谈话：坚持一个中国原则决不动摇；争取和平统一的努力决不放弃；贯彻寄希望于台湾人民的方针决不改变；反对"台独"分裂活动决不妥协。

2005 年，十届全国人大三次会议通过了《反分裂国家法》，这是一部促进两岸关系发展、推进两岸和平统一的法律，是一部维护国家主权和领土完整、反对和遏制"台独"势力分裂国家、维护台湾海峡地区和平稳定的法律，是一部符合中华民族根本利益的法律。这部法律明确了处理台湾问题的立场和方针。概括起来，主要体现在以下几个方面：(1) 坚持一个中国的原则。坚持一个中国的原则，是"一国两制"的基础和前提；没有一个统一的中国，也就无所谓"两制"。坚持一个中国的原则，核心的问题是坚持中华人民共和国是中国唯一的合法政府，只有它能够在国际上代表中国；台湾作为中华人民共和国不可分割的一部分，其行政当局是地方政府，对外不能代表中国。(2) 力争和平统一，但不承诺放弃使用武力。坚持用和平方法实现祖国统一，是我们党和国家的既定方针。(3) 信守诺言，保证长期不变。"一国两制"的政策在特别行政区成立以后，将至少保持 50 年不变。(4) 加强双方往来，促进繁荣稳定。实行"一国两制"有利于各方，有利于促进两岸的共同繁荣和稳定。

2007 年 10 月，十七大报告强调要牢牢把握两岸关系和平发展的主题，真诚为两岸同胞谋福祉、为台海地区谋和平，维护国家主权和领土完整，维护中华民族根本利益，再次表明了我们党对实现祖国统一的真诚愿望和坚定原则。

2017 年 10 月，十九大报告指出："我们坚决维护国家主权和领土完整，绝不容忍国家分裂的历史悲剧重演。一切分裂祖国的活动都必将遭到全体中国人坚决反对。我们有坚定的意志、充分的信心、足够的能力挫败任何形式的'台独'分裂图谋。我们绝不允许任何人、任何组织、任何政党、在任何时候、以任何形式、把任何一块中国领土从中国分裂出去！"[①]

三、对台动武的底线

2000 年 2 月 21 日，中国政府发表了关于台湾问题的白皮书——《一个中国的原则与台湾问题》。这份白皮书引人注目地指出："如果出现台湾被以任何名义从中国分割出去的重大事变，如果出现外国侵占台湾，如果台湾当局无限期地拒绝通过谈判和平解决两岸统一问题，中国政府只能被迫采取一切可能的断然措施，包括使用武力，来维护中国的主权和领土完整，完成中国的统一大业。"白皮书还对"三个如果"原则作了条文化说明：台湾以政府文告、就职演说、政策声明形式宣布"台湾独立"；进行"统独公投"；"两国论"入"宪"、入"法"；改变现有"国号""国旗"等政治符号。一旦冲撞这些"线"，战争将不可避免。"三个如果"申明了大陆对台动武的前提。"三个如果"符合维护中国国家主权和领土完整的要求，符合"和平统一、一国两制"的基本方针，反映了全中国人民和全世界希望实现祖国统一大业的华人心声。"三个如果"其实是我们的一贯政策主张，与坚持和平统一的方针并不矛盾。

不承诺放弃使用武力及提出动武的前提，并非表明一定要动武。在能够不使用武力的

---

① 习近平．决胜全面建成小康社会　夺取新时代中国特色社会主义伟大胜利——在中国共产党第十九次全国代表大会上的报告．人民日报，2017-10-28 (1-5).

前提下完成祖国的统一，是一切爱好和平的人们都希望看到的。然而总是有人图谋把台湾从中国分裂出去，所以中国政府不可能承诺放弃使用武力。

十届人大第三次全体大会审议通过的《反分裂国家法》第八条规定："台独"分裂势力以任何名义、任何方式造成台湾从中国分裂出去的事实，或者发生将会导致台湾从中国分裂出去的重大事变，或者和平统一的可能性完全丧失，国家得采取非和平方式及其他必要措施，捍卫国家主权和领土完整。这项立法是以《中华人民共和国宪法》为依据，集中中华民族的智慧，以立法确定中国人民决心维护国家领土主权完整的重大战略举措。将实现两岸统一的大政方针转化为国家立法，集中体现了全国各族人民不可动摇的反对分裂国家的坚强意志，具有最高的权威性。

2017 年 7 月 1 日，习近平在庆祝香港回归祖国 20 周年大会暨香港特别行政区第五届政府就职典礼上的讲话中指出："实践充分证明，'一国两制'是历史遗留的香港问题的最佳解决方案，也是香港回归后保持长期繁荣稳定的最佳制度安排，是行得通、办得到、得人心的。"台湾问题同样适用于"一国两制"政策。我们寄希望于台湾问题和平解决，任何人、任何组织、任何国家都不能低估我们解决台湾问题的实力与信念，都不能阻挡我们实现祖国统一的决心与毅力。台湾终将回到祖国的怀抱。

第二节 维护祖国统一是中华民族的爱国主义传统

学习目标

了解民族团结和国家统一始终是中华民族历史发展的主流；知晓中华民族爱国传统的主要表现；懂得中国共产党是维护祖国统一的中坚力量。

学习内容提要

学习教材相关内容，还可参阅《中国通史》等历史书籍或通过网络搜索有关中华民族团结统一的相关资料。

学习步骤

1. 阅读教材中的相关内容，听教师讲解。

2. 思考下面的问题：

（1）为什么在世界各个文明古国的历史发展中，只有中华民族始终保持了其原生文明的发展和大一统的国家形式？

（2）这种民族传统对于中国的发展起到了什么样的作用？

学习内容详解

一、民族团结和国家统一始终是中华民族历史发展的主流

统一是中国历史发展的主流。反对分裂，坚持统一，是中华民族自古以来就有的光荣传统。实现祖国的完全统一，是祖国繁荣富强和民族伟大复兴的基础，是海内外中华儿女的共同心愿，是中华民族的根本利益所在。实现祖国完全统一，必须实行"和平统一、一国两制"的基本方针。

爱国主义是在长期历史发展过程中形成的对自己祖国的一种最深厚的感情，是一个国家民族意识和民族觉悟的集中反映。中华民族富有爱国主义光荣传统，爱国主义是动员和鼓舞中国人民团结奋斗的一面旗帜，是维护民族团结和国家统一、推动我国社会历史前进的巨大力量，是各族人民共同的精神支柱。悠久的中华文化，成为维系民族团结和国家统一的牢固纽带。民族团结和国家统一始终是中华民族历史发展的主流。中华民族维护祖国团结统一的爱国主义传统，在中国共产党的领导下得到了更好的保持和发扬。

二、中华民族爱国传统的主要表现

维护统一、反对分裂是中华民族爱国主义传统的重要体现。民族团结与和睦，始终是各族人民的共同心愿；维护民族团结和祖国统一，始终是各族人民的最高利益和神圣职责。在中国历史上，尽管发生过民族之间的战争，也出现过分裂和内乱，但是民族团结和祖国统一始终是人心所向，是中国历史发展的主流。

实现祖国完全统一，是中华民族伟大复兴的重要内容和基本任务。国家的完全统一是民族复兴的重要标志，没有国家的完全统一，就没有完全意义上的民族复兴。中华民族的伟大复兴既是一个走向现代化、实现繁荣强盛的过程，同时也是一个实现祖国完全统一的过程。只有实现祖国的完全统一，才能更好地凝聚整个民族的力量，加快国家建设的步伐，更好地在国际上展现中华民族团结奋进、朝气蓬勃的雄姿，使中华民族真正自立于世界民族之林。

三、中国共产党是维护祖国统一的中坚力量

在实现祖国完全统一的历史进程中，代表先进社会生产力、代表先进文化前进方向、代表人民根本利益的中国共产党，完全有能力领导人民完成这一宏伟而又艰巨的历史使命，实现几代人的梦想。

第一，我们党有代表先进文化最高成果的科学理论的指导。在改革开放和现代化建设实践中，我们党继承和发展马克思列宁主义、毛泽东思想，形成了包括邓小平理论、"三个代表"重要思想、科学发展观和习近平新时代中国特色社会主义思想在内的中国特色社会主义理论体系，表明党对中国社会主义建设规律的认识达到了一个新的高度。中国特色社会主义理论体系一经群众掌握，就能够变成改造客观世界的巨大物质力量，推动建设中国特色社会主义伟大事业胜利前进。

第二，我们党有促进生产力发展和社会全面进步的正确的路线、方针、政策。这些路

线、方针、政策，体现了先进生产力发展要求，为我们正确认识和解决改革开放中各种复杂矛盾提供了有力的武器。只要我们坚持基本路线和基本纲领不动摇，认真贯彻执行并在实践中不断完善各项方针、政策，就一定能实现我们的奋斗目标。

第三，我们党有最大多数人民群众的广泛支持和拥护。由于党在长期斗争中同人民群众形成了血肉联系，党领导的改革开放和现代化建设事业反映了人民的意愿，给人民群众带来了实实在在的利益，因而广大人民群众拥护党的领导，拥护党的路线、方针、政策，积极投身改革开放和现代化建设，自觉贡献聪明才智。对当前的困难和问题，人民群众是理解的，是支持党去克服困难的。人民群众的信任和支持，是我们党能够领导改革开放和现代化建设事业最根本的力量源泉。

第四，我们党有一支总体上适应新形势要求的干部队伍。在中国，从来没有任何一个政治组织像我们党这样集中了那么多先进分子。改革开放以来，党从现代化建设的要求出发，确立了干部队伍的“四化”方针，坚持德才兼备的用人原则，努力造就高素质的干部队伍。我们党的各级干部以党的基本理论、基本路线为指导，在改革和建设的实践中开阔了眼界，得到了锻炼，增长了才干，总体上是能够胜任各个方面工作的，是能够同人民群众一道艰苦奋斗的。这是我们党领导人民胜利地进行改革开放和现代化建设的重要保证。

练习题

一、单项选择题

1. 我们党对“一国两制”的最初的构想是为了：（　　）。

A. 解决台湾问题　　B. 解决香港问题

C. 解决澳门问题　　D. 解决西藏问题

2. 坚持一个中国的原则是：（　　）。

A. 解决台湾问题的根本政策　　B. 解决台湾问题的基本立场

C. 解决台湾问题的根本方针　　D. 解决台湾问题的基石和前提

3. 当今世界矛盾和竞争的核心问题是：（　　）。

A. 战争问题　　B. 革命问题

C. 发展问题　　D. 和平问题

4. 当今世界的主题是：（　　）。

A. 经济全球化　　B. 政治多极化

C. 和平与发展　　D. 战争与革命

5. 我国外交政策的根本宗旨是：（　　）。

A. 维护国家和民族的根本利益　　B. 维护世界和平，促进共同发展

C. 坚持和平共处五项原则　　D. 增强同发展中国家的团结与合作

二、多项选择题

1. 之所以说维护祖国统一是中国历史发展的主流，是因为：（　　）。

A. 维护祖国统一是中华民族的爱国主义传统

B. 实现祖国完全统一是中华民族伟大复兴的重要基础

C. 实现祖国完全统一是中国人民不可动摇的坚强意志

D. 实现祖国完全统一是更好地推进社会主义现代化建设的必然要求

2. 我们倡导的和谐世界应该是：（　　）。

A. 民主的世界　　B. 和睦的世界

C. 公正的世界　　D. 包容的世界

3. “一国两制”构想的科学内涵是：（　　）。

A. 一个中国的前提下，国家的主体坚持社会主义制度

B. 香港、澳门、台湾是中国不可分割的部分，它们作为特别行政区可以高度自治

C. 在国际上代表中国的，只能是中华人民共和国

D. 争取和平统一但不承诺放弃使用武力

4. 尽最大努力争取和平统一，但不承诺放弃使用武力的底线是：（　　）。

A. 如果台湾出现以任何形式从祖国分离出去的重大事变

B. 或者出现将会导致祖国分裂的重大事件

C. 或者台湾当局无限期拒绝和平谈判

D. 或者和平统一之任何可能性已经丧失

5. 我国独立自主和平外交政策的基本原则是：（　　）。

A. 坚持独立自主地处理一切国际事务的原则

B. 坚持和平共处五项原则为指导国家间关系的基本准则

C. 坚持同发展中国家加强团结与合作的原则

D. 坚持爱国主义与履行国际义务相统一的原则

6. 我们倡导的和谐世界应该是：（　　）。

A. 民主的世界　　B. 和睦的世界

C. 公正的世界　　D. 包容的世界

图书在版编目（CIP）数据

“毛泽东思想和中国特色社会主义理论体系概论”教学专题研究：数字教材版/王向明编著．—北京：中国人民大学出版社，2019.9

互联网＋远程一体化智慧数字教材

ISBN 978-7-300-27013-5

Ⅰ.①毛… Ⅱ.①王… Ⅲ.①毛泽东思想-教学研究-远程教育 ②中国特色社会主义理论体系-教学研究-远程教育 Ⅳ.①A84 ②D610

中国版本图书馆 CIP 数据核字（2019）第 103026 号

互联网＋远程一体化智慧数字教材
“毛泽东思想和中国特色社会主义理论体系概论”教学专题研究
（数字教材版）
王向明　编著
“Mao Zedong Sixiang he Zhongguo Tese Shehui Zhuyi Lilun Tixi Gailun” Jiaoxue Zhuanti Yanjiu

出版发行	中国人民大学出版社		
社　　址	北京中关村大街 31 号	**邮政编码**	100080
电　　话	010－62511242（总编室）		010－62511770（质管部）
	010－82501766（邮购部）		010－62514148（门市部）
	010－62515195（发行公司）		010－62515275（盗版举报）
网　　址	http://www.crup.com.cn		
经　　销	新华书店		
印　　刷	北京东君印刷有限公司		
规　　格	185 mm×260 mm　16 开本	**版　　次**	2019 年 9 月第 1 版
印　　张	9.75	**印　　次**	2019 年 9 月第 1 次印刷
字　　数	231 000	**定　　价**	36.00 元

版权所有　侵权必究　　　印装差错　负责调换